Bond Book

This book is one of 155,000 in a special purchase to upgrade the CALS collection. Funds for the project were approved by Little Rock voters on 8/17/04.

D1221421

Guías Visuales
INSECTOS

Escarabajo abejorro de
África *(Dicronorhina
derbyana)*

Escarabajo de
resorte
de América
Central
*(Semiotus
angulatus)*

Escarabajo abejorro
(Jumnos ruckeri)

Chinche brillante
de la India
(Pyrops delessertii)

Insecto palo de la India
(especie *Tirachoidea*)

Escarabajo escudo
de Indonesia
(Caliphara praslinea)

Escarabajo lamelicornio
de Indonesia
(Chalcosoma atlas)

Gorgojo de hongos
de Asia sudoriental
(Mecocerus gazella)

Mosca azul
*(Calliphora
vomitoria),*
común en todo
el mundo

Abeja minera
leonada
de Europa
(Andrena fulva)

Guías Visuales
INSECTOS

Ciervo volante del
norte de Australia
*(Phalacrognathus
mulleri)*

Escrito por
LAURENCE MOUND

Grillo de campo de
Europa *(Metrioptera
brachyptera)*

Escarabajo hoja de
América del Sur
(Doryphorella 22-punctata)

Escarabajo tortuga
de América del Sur
(Eugenysa regalis)

Escarabajo escudo
de África
(Sphaerocoris annulus)

Avispa cuco
de Australia
(Stilbum splendidum)

Longicornio
de América Central
(Callipogon senex)

Alcócaro de Gran
Bretaña *(Emus hirtus)*

Escarabajo
escudo de Indonesia
(Cantao ocellatus)

DK Publishing, Inc.

Escarabajo hoja
de América del Sur
(Doryphorella princeps)

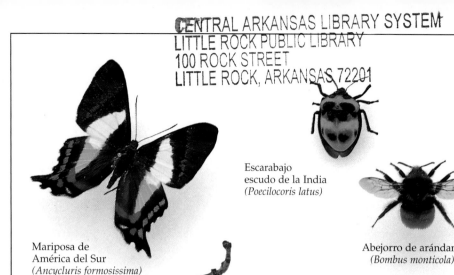

Mariposa de
América del Sur
(*Ancycluris formosissima*)

Escarabajo
escudo de la India
(*Poecilocoris latus*)

Abejorro de arándano
(*Bombus monticola*)

Escarabajo de
estiércol de
América Central
(*Phanaeus demon*)

Escarabajo de
estiércol, América
del Sur (*Copropha-
naeus lancifer*)

Avispa de árbol
de Europa
(*Dolichovespula
sulvestris*)

Escarabajo joya de la India
(*Chrysochroa chinensis*)

Longicornio de
África oriental
(*Sternotomis bohemanni*)

LONDRES, NUEVA YORK, MÚNICH, MELBOURNE, Y DELHI

Título original de la obra: *Insect*
Copyright © 1990, © 2003, © 2004 Dorling Kindersley Limited

Editora del proyecto: Helen Parker
Subdirector de arte: Peter Bailey
Editora principal: Sophie Mitchell
Directora de arte principal: Julia Harris
Directora editorial: Sue Unstead
Directora de arte: Anne-Marie Bulat
Fotografía especial:

Colin Keates, Neil Fletcher, Frank Greenaway, Harold Taylor,
Jane Burton, Kim Taylor y Oxford Scientific Films

Editora en EE. UU. Elizabeth Hester
Directora de arte Michelle Baxter
Diseño DTP Kathy Farias, Jessica Lasher
Producción Ivor Parker
Asesor Producciones Smith Muñiz

Edición en español preparada por Alquimia Ediciones, S. A. de C. V.
Río Balsas 127, 1.º piso, Col. Cuauhtémoc
C.P. 06500 México, D.F.

Primera edición estadounidense, 2005
05 06 07 08 09 10 9 8 7 6 5 4 3 2 1

Publicado en Estados Unidos por DK Publishing, Inc.
375 Hudson Street, New York, New York 10014

Copyright © 2005 DK Publishing, Inc.

A catalog record for this book is available
from the Library of Congress.
ISBN 0-7566-1487-2 (Hardcover)
0-7566-1493-7 (Library Binding)

Reproducción a color por Colourscan, Singapur
Impreso y encuadernado por
Toppan Printing Co. (Shenzhen) Ltd.

Descubre más en
www.dk.com

Escarabajo joya de la India
(*Chrysochroa chinensis*)

Cincidela de
África oriental
(*Manticora scabra*)

Hormiga gigante
de Brasil (*Dino-
ponera grandis*)

Escarabajo abejorro de las
Filipinas (*Agestrata luzonica*)

Mariposa
nocturna cetrina
(*Eremobia
ochroleuca*)

Escarabajo abejorro
del norte de Australia
(*Trichaulax macleayi*)

Contenido

Larva lamelicornia
de Nueva Guinea
(Oryctes centaurus)

Las partes de un insecto

UN INSECTO ADULTO nunca crece más porque tiene un esqueleto externo rígido compuesto en gran parte de una sustancia dura y callosa llamada quitina. Este "exoesqueleto" cubre todas las partes del cuerpo: las patas, los ojos, las antenas e incluso los tubos internos de respiración o tráqueas. Los insectos jóvenes deben mudar varias veces estas superficies durante su vida para poder crecer y llegar a ser adultos. Bajo la piel vieja y dura se forma un esqueleto nuevo y blando. Los insectos toman aire extra para hacerse más grandes y quebrar la piel vieja, la cual se cae. En las primeras etapas de vida, los insectos son gusanos u orugas (págs. 24-25), y son muy diferentes a los adultos; pero ellos también mudan para producir una pupa o crisálida.

Tarso

Tibia

Fémur

Uña

Punto plegable

Extremo anterior o frontal del ala

Punta o apéndice del ala

La base del ala se dobla abajo

ALAS POSTERIORES PLEGADAS
Las alas posteriores más largas del escarabajo, con las que vuelan, deben doblarse para caber bajo las cubiertas de éstas (págs. 12-13). La punta del ala, o ápice, se dobla hacia atrás en una abertura especial, conocida como punto plegable, en el borde anterior o delantero. La base del ala también se dobla por debajo.

EL CUERPO DEL ESCARABAJO
Este escarabajo joya adulto (*Euchroma gigantea*), mostrado tres veces más grande, proviene de América del Sur. Es un insecto típico con tres zonas del cuerpo: cabeza, tórax y abdomen. Como en otros artrópodos (págs. 8-9), estas zonas se constituyen de segmentos en forma de anillos y las patas están articuladas.

EL ABDOMEN
El abdomen de un insecto contiene la mayor parte del "equipo de mantenimiento": el sistema digestivo, el corazón y los órganos sexuales. Como otras partes del cuerpo, éste queda protegido por un exoesqueleto rígido o cutícula, compuesto principalmente de quitina. Sin embargo, el cuerpo es flexible entre los segmentos. La superficie está cubierta por una capa delgada de cera que evita que el insecto pierda mucha agua.

Ganglio en la cabeza (cerebro)

Sistema nervioso

Ojo compuesto

El intestino frontal tritura la comida

Los sacos de aire suministran aire a los músculos para volar ubicados en el tórax

El intestino medio digiere la comida

El exceso de agua se elimina con los restos de comida en el intestino posterior

LA ANATOMÍA INTERNA
Esta ilustración muestra la anatomía interna de una abeja obrera. A lo largo del centro de su cuerpo se encuentra el sistema digestivo (amarillo), que es un tubo dividido en intestino anterior, medio y posterior. El sistema respiratorio (blanco) consiste en una red de tubos ramificados, por donde pasa el aire desde los espiráculos hacia todo el cuerpo. Los dos sacos grandes en el abdomen son importantes, pues suministran aire a los músculos para volar ubicados en el tórax. El corazón de la abeja es un tubo largo que bombea la sangre sobre todo en la parte superior del cuerpo. No hay ningún otro vaso sanguíneo. La sangre sale del corazón para llevar comida a otros órganos. El sistema nervioso simple (azul) tiene un nervio principal con nudos de células nerviosas amasadas o ganglios. El ganglio en la cabeza es el cerebro del insecto. Los órganos sexuales femeninos y las glándulas de veneno del aguijón se muestran en verde.

El aire entra en los tubos de respiración por los espiráculos

Aguijón

Los desechos de comida se expulsan por el ano

Glándulas de veneno para el aguijón

EL ALA ANTERIOR
En los escarabajos, el par de alas anteriores está adaptado como un par de cubiertas duras de alas llamadas élitros. Éstas protegen el cuerpo y a menudo tienen un color brillante (págs. 30-31). Cuando el escarabajo vuela (págs. 12-13), estas alas quedan colocadas hacia delante.

LAS PATAS
Los insectos tienen tres pares de patas articuladas (págs. 18-19) que utilizan para caminar, correr o brincar según la especie. Cada pata tiene cuatro partes principales: la coxa une la pata con el tórax; el fémur o muslo es la sección más muscular de la pata; la tibia, o pata inferior, a menudo tiene espinas como autodefensa, y el tarso, que equivale al pie humano, tiene entre uno y cinco segmentos; además de dos uñas entre las que a veces hay una almohadilla pequeña para sujetarse sobre superficies blandas.

EL CAPARAZÓN
Un tanque es como un escarabajo grande con la piel dura para evitar que los enemigos dañen las partes internas.

El tarso tiene entre uno y cinco segmentos

Tibia

Fémur

Coxa

Coxa

El segundo y tercer segmentos del tórax tienen, cada uno, un par de alas y un par de patas

Cada pie tiene dos uñas para trepar superficies ásperas

ALIMENTO E INFORMACIÓN
La cabeza lleva el aparato de alimentación (págs. 20-21) igual que los órganos sensoriales importantes, como los ojos compuestos (págs.14-15), las antenas (págs. 16-17) y los palpos o censores que están unidos a los órganos bucales y ayudan a dar información al insecto acerca del sabor y el olor de la comida.

Ojo compuesto

LAS ANTENAS
Las antenas (págs. 16-17) varían en tamaño y forma: largas y delgadas en los grillos, o cortas y peludas en algunas moscas. Cualquiera que sea el tamaño, las antenas soportan muchas estructuras sensoriales que perciben movimientos en el aire, vibraciones y olores.

LOS OJOS COMPUESTOS
Los ojos de los insectos (págs. 14-15) son "compuestos" porque cada uno está constituido por cientos de ojos simples y diminutos que permiten al insecto percibir el movimiento alrededor de él.

Primer segmento del tórax soporta el par de patas anterior

EL TÓRAX
El tórax se constituye de tres segmentos. Uno tiene el primer par de patas, y con frecuencia está separado del segundo y tercer segmentos, de los cuales cada uno tiene un par de alas y un par de patas. El segundo y tercer segmentos están articulados con el abdomen.

Antenas segmentadas que perciben vibraciones y olores

Uña

Extremo anterior del ala posterior

Un espiráculo se cierra para evitar la entrada de aire y controlar la pérdida de agua

ALAS POSTERIORES EXTENDIDAS
Las alas no tienen músculos. Como las cubiertas de las alas están alzadas, los músculos dentro del tórax jalan el borde delantero de las alas posteriores para que se abran automáticamente (págs. 12-13).

Cubierta del ala o élitro

INHALACIÓN DE AIRE FRESCO
Los insectos inhalan aire a través de la red de tubos (tráqueas) del cuerpo desde unos pares de aberturas en la cutícula (espiráculos). Insectos como esta oruga tienen un par de espiráculos en cada segmento. Los insectos más activos a menudo tienen menos espiráculos, pues exhalan el aire por la tráquea.

¿Qué es un insecto?

Escarabajo de tierra

Mariquita

LOS INSECTOS SON LAS CRIATURAS MÁS EXITOSAS del reino animal. Son extraordinariamente adaptables y viven en tierra, aire y agua. Así, se encuentran insectos en los desiertos abrasadores y en las primaveras calurosas; en las cimas de montañas nevadas y en los lagos helados. Por su tamaño tan pequeño caben en lugares muy reducidos y no necesitan mucha comida para vivir. Los insectos son invertebrados, pues a diferencia de los mamíferos, peces, reptiles y aves no tienen columna vertebral. Los insectos pertenecen al grupo de invertebrados llamados artrópodos, es decir, tienen un exoesqueleto duro que los protege (págs. 6-7) y patas articuladas. Pero los insectos son diferentes de otros artrópodos porque sólo tienen seis patas. La mayoría de los insectos también tienen alas, lo que les permite escapar del peligro y buscar comida en un área amplia. Hoy existenmás de un millón de clases o especies conocidas de insectos, y hay muchas más en espera de ser descubiertas. Cada especie es miembro de un grupo u orden más grande constituido de otros insectos con las mismas características físicas.

ESCARABAJOS
Los escarabajos (págs. 30-31) pertenecen a los Coleópteros, que significa "alas de vaina". El par de alas anteriores son duras, cubiertas en forma de vaina (élitros) y están unidas a la mitad para proteger el cuerpo y las delicadas alas posteriores.

Efímera adulta

EFÍMERAS
Estos insectos pertenecen al orden de los Efemerópteros, que se refiere a la corta vida de los adultos. Las efímeras jóvenes viven y se alimentan debajo del agua.

Mosca

MOSCAS
Las moscas (págs. 32-33) pertenecen al orden de los Dípteros, que significa "dos alas", pues a diferencia de otros insectos, éstas sólo tienen un par de alas. Las alas posteriores son órganos pequeños llamados muñones (pág. 12).

Las alas delanteras son más largas que las traseras

Avispa

Abeja

Hormiga

AVISPAS, HORMIGAS Y ABEJAS
El nombre de la orden que incluye a todas las avispas, abejas y hormigas (págs. 38-39) es Himenópteros. Significa "alas membranosas" y se refiere a los dos pares de alas delgadas y venosas. Los machos son distintos porque se desarrollan de huevos no fertilizados. Muchas hembras de este grupo tienen un aguijón.

CUCARACHAS
Estos insectos aplanados (pág. 14) tienen alas delanteras duras superpuestas. Las cucarachas jóvenes se ven como versiones más pequeñas de las adultas, pero sin alas.

Libélula

Tijereta

Órganos bucales agudos y succionadores

Chinche

Alas, duras en la base y blandas en la punta

Insecto palo

CHINCHES
Son de la orden Hemípteros, que significa "con media ala" y se refiere a sus alas anteriores, duras en la base y blandas en la punta. Las chinches (págs. 36-37) tienen órganos bucales que perforan y succionan.

LIBÉLULAS Y CABALLITOS DEL DIABLO
Estos insectos (pág. 14) están estrechamente relacionados y pertenecen a la orden de los Odonatos, que tienen mandíbulas grandes y adaptadas para cazar moscas. Las ninfas viven debajo del agua y sólo emergen de ella para convertirse en adultos (págs. 26-27).

TIJERETAS
Las tijeretas (pág. 14) pertenecen a los Dermápteros ("alas de piel"), cuyas alas posteriores, curiosamente guardadas y dobladas debajo de las alas anteriores, son muy cortas.

Saltamontes

Mariposa

MARIPOSAS Y MARIPOSAS NOCTURNAS
Estos insectos (págs. 34-35) pertenecen a la orden de los Lepidópteros, que significa "alas estriadas". Las estrías pequeñas (pág. 13) cubren su cuerpo y sus alas y les dan bellos colores tornasol.

Mariposa nocturna

GRILLOS Y SALTAMONTES
Estos insectos (pág. 40) pertenecen a la orden de los Ortópteros, que significa "alas rectas". Tienen patas traseras fuertes que usan para brincar y cantar.

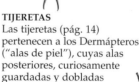

INSECTOS PALO
Cuando descansan, estos insectos largos y delgados (pág. 40) se ven como las varas y hojas que comen (pág. 45).

Éstos no son insectos

Mucha gente confunde a otros artrópodos con insectos. Las arañas y escorpiones no sólo tienen cuatro pares de patas, en vez de tres como los insectos, sino que la cabeza y el tórax (págs. 6-7) son una sola estructura. A diferencia de los insectos, no tienen alas ni antenas, y los ojos son pequeños y simples, en lugar de un par de ojos grandes compuestos (págs. 14-15). Los cangrejos, las gambas, las cochinillas y los ciempiés tienen más patas articuladas que los insectos; los milpiés, incluso, tienen dos pares en cada segmento. En contraste, una lombriz de tierra, aunque está compuesta de muchos segmentos, no tiene patas y el cuerpo no tiene una cabeza que se pueda distinguir. La estructura de babosas, caracoles y estrellas de mar es muy diferente y está segmentada.

VERTEBRADOS
Este mono es un vertebrado, es decir, tiene una columna vertebral. Aves, peces, lagartijas (reptiles), ranas (anfibios) y mamíferos, así como los perros y la gente son vertebrados. Respiran por pulmones o branquias y poseen un corazón central. No tienen seis patas y su cuerpo no se divide en segmentos.

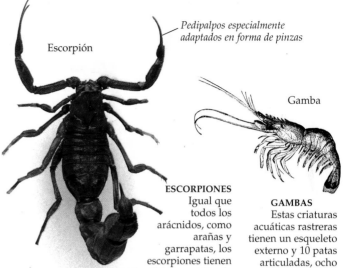

Escorpión

Pedipalpos especialmente adaptados en forma de pinzas

ESCORPIONES
Igual que todos los arácnidos, como arañas y garrapatas, los escorpiones tienen cuatro pares de patas. Este escorpión de África del Norte caza a su presa con las pinzas grandes, un par de miembros especialmente adaptados, llamados pedipalpos.

Gamba

GAMBAS
Estas criaturas acuáticas rastreras tienen un esqueleto externo y 10 patas articuladas, ocho para caminar y dos para alimentarse y defenderse.

Cabeza

Segmentos en forma de anillo

Lombriz de tierra

LOMBRICES DE TIERRA
Estas lombrices tienen muchos segmentos en forma de anillos. No tienen patas ni partes duras; y es difícil saber en cuál extremo está la cabeza. Las gigantes pueden medir más de 6 pies (2 m).

Milpiés

Cada segmento tiene cuatro patas

MILPIÉS
Es fácil ver la cabeza de un milpiés porque, al igual que los insectos, tiene un par de antenas. A diferencia de éstos, su cuerpo no se divide en tres partes (págs. 6-7), sino en muchos segmentos, cada uno con dos pares de patas. Los milpiés se alimentan de plantas y pueden ser una plaga en los jardines.

Cochinilla

COCHINILLA
Las cochinillas se relacionan con los pulgones acuáticos. Necesitan agua y viven en lugares frescos y húmedos, debajo de piedras y troncos, donde comen madera y hojas podridas. Si se ven amenazadas, se convierten en una "pelotita" con estrías.

PULGAS DE ARENA
Estas criaturas extrañas en apariencia son similares a los insectos, pero tienen 10 patas, en vez de seis. Viven en la arena húmeda de las playas. Cuando se les molesta, usan los dos pares de patas anteriores para brincar a distancias sorprendentes.

Antena

CIEMPIÉS
A diferencia de los milpiés, con los cuales se los confunde, los ciempiés sólo tienen un par de patas en cada segmento. Pasan su vida en la tierra, alimentándose de otros animales pequeños que viven ahí. Los ciempiés capturan a su presa con sus "uñas venenosas", un par de patas adaptadas y con colmillos. Las especies grandes pueden dar una mordida dolorosa.

"Colmillos venenosos" en las patas delanteras, para cazar a su presa

Ciempiés

Pedipalpos usados como palpos

Mandíbulas

ARAÑAS
Esta tarántula de Sri Lanka es una de las arañas más grandes del mundo. Tiene ocho patas y un par de apéndices (pedipalpos) usados como sensores. Los colmillos grandes inyectan veneno a la presa y, al igual que las arañas, succionan el alimento como si fuera líquido. El abdomen grande tiene dos pares de pulmones que deben mantenerse húmedos para absorber el aire.

Pata

Tarántula

Los primeros insectos

LOS PRIMEROS INSECTOS CON ALAS volaron a través de los bosques del periódo carbonífero que cubrieron la tierra hace más de 300 millones de años. Los restos fósiles recientes muestran que algunos de estos insectos, como las libélulas y las cucarachas (págs. 40-41), fueron muy similares a las especies actuales; pero la mayoría de los fósiles de insectos más antiguos representan grupos que ya no viven. Tal vez a algunos de estos insectos les estorbaban las alas grandes, desplegadas y con envergaduras de hasta 30 pulg (70 cm) que les impedían un escape rápido y los convertían en blanco de los depredadores. La observación de los fósiles es el único medio de entender la evolución de los insectos, pero como éstos son pequeños y delicados, la mayoría quizá se descompuso antes de quedar atrapados en sedimentos de tierra y fosilizarse. Con muy pocos fósiles en los cuales basar las conclusiones, nadie está seguro de cómo evolucionaron.

JOYAS CON INSECTOS
Por siglos el ámbar se ha visto como una piedra preciosa. Esta pieza de ámbar báltico, cortado y pulido como un pendiente, tiene tres tipos de moscas muy diferentes.

Fósil en piedra caliza del ala de una mariposa nocturna del sur de Inglaterra

MUESTRA TUS COLORES
Los pigmentos en las estrías de esta ala fosilizada han alterado el proceso de fosilización, por lo que las partes del patrón todavía pueden ser vistas millones de años después.

¿ANTEPASADOS QUE VIVEN?
El peripatus tal vez representa una etapa a mitad del camino entre gusanos e insectos. Al igual que un gusano tiene el cuerpo blando con segmentos en forma de anillos. Pero, tiene patas, un corazón y un sistema respiratorio similares a los de un insecto.

TISANUROS
Los tisanuros viven en lugares húmedos de todo el mundo. Muchos tienen un órgano para brincar debajo de la cola, de ahí su nombre. Esta especie, mostrada aquí en el lado inferior de una lapa, vive en la orilla. Alguna vez clasificado como un insecto primitivo, ahora se cataloga aparte.

Cómo se forma el ámbar

El ámbar es la resina fósil de los pinos que existieron hace más de 40 millones de años. Conforme la resina escurrió de las grietas de los troncos, los insectos atraídos por el olor dulce quedaron atrapados en la superficie pegajosa. Con el tiempo, la resina, con los insectos atrapados, se endureció y quedó enterrada; millones de años después llegó al mar. El copal es similar al ámbar, aunque no tan antiguo

"Abeja dulce" actual (especie *Trigona*)

Ala

Patas delicadas

GRULLAS PRIMITIVAS
Hace alrededor de 35 millones de años, en lo que ahora es Colorado, esta grulla quedó atrapada en el sedimento fangoso del fondo de un lago o una charca. El sedimento era tan fino cuando se volvió piedra que incluso los detalles de las alas y las patas se preservaron. Este espécimen fosilizado se ve muy similar a una grulla actual. El vuelo débil y a la deriva, y las patas largas y flojas fueron importantes adaptaciones a la vida mucho antes de que el continente americano tomara su forma actual.

ABEJA EN COPAL
Esta pieza de copal de Zanzíbar (isla en la costa este de África) podría tener 1,000 millones de años. Ha sido amplificada para mostrar la bella "abeja" (de la especie *Trigona*), la cual se parece al espécimen actual mostrado arriba.

UN EXTREMO PEGAJOSO
Insectos rastreros y voladores, atraídos por la resina, quedan atrapados para siempre. Escenas como ésta ocurrieron hace más de 40 millones de años.

LA LIBÉLULA MÁS ANTIGUA

Este fósil de un ala doblada es la libélula más antigua que se conoce. Se encontró arriba de una veta de carbón en Bolsover Colliery, Derbyshire, Inglaterra, enterrada a 2,300 pies (700 m). Las alas de esta libélula de hace 300 millones de años medían 8 pulg (20 cm), mucho más largas que las especies actuales mostradas aquí.

Ala rota

PLANTAS QUE FLORECEN

La aparición de las primeras plantas que florecieron hace casi 100 millones de años significó una nueva fuente de alimento en forma de polen y néctar. Los insectos se desarrollaron por este nuevo alimento, y estas plantas florecieron por la variedad de insectos polinizadores. El número de insectos y plantas impulsó al mismo tiempo un proceso conocido como coevolución (págs. 42-43).

Ojo compuesto

LA LIBÉLULA MÁS GRANDE

Esta libélula (*Tetracanthagyna plagiata*) de Borneo es un miembro de la especie más grande de libélulas que aún existe. La libélula más grande conocida es un espécimen con alas fosilizado de Estados Unidos que mide alrededor de 24 pulg (60 cm).

Punto negro o estigma

Venas

Abdomen

A diferencia de las alas de los insectos desarrollados más recientemente, las alas de la libélula no se doblan

Punta del abdomen

Venas en las alas

DEPREDADORES DE LA LIBÉLULA

Es evidente que el artista de este caprichoso dibujo tuvo más imaginación que conocimiento biológico. Las libélulas de hoy día vuelan rápido y con habilidad. Los fósiles prueban que sus antepasados eran parecidos y no fueron presa fácil para un peterosauro.

TIJERETA AHOGADA

Los depósitos del lago Florissant, Colorado, tienen alrededor de 35 millones de años. En estos depósitos hay muchos fósiles de insectos bien preservados debido al sedimento fino del que están formadas las rocas. Muchos de estos insectos podrían no haber vivido en el lago, simplemente cayeron y se ahogaron.

Tijereta actual
(*Labidura riparia*)

CONVERTIDO EN PIEDRA

Los especímenes fosilizados de especies más pequeñas de libélulas, como ésta del sur de Inglaterra, son muy comunes. Aun cuando este espécimen parece no tener un ala, es posible ver con claridad todas las venas.

Las alas y el vuelo

Ala de mosquito

Venas bordeadas

LOS INSECTOS FUERON LOS PRIMEROS SERES QUE VOLARON, lo que les permitió escapar con más facilidad de los depredadores y viajar a otras zonas en busca de mejor comida. Más tarde, las alas sirvieron para encontrar y atraer a una pareja, al ser brillantes y producir un olor o al hacer sonidos; pero el origen de las alas no se entiende. Insectos antiguos sin alas, al principio pudieron haber tenido una ventaja sobre otros al deslizarse por los árboles usando el par de aletas primitivas en varios segmentos de su cuerpo. Las alas evolucionaron gracias a que las aletas fueron más eficientes en el aire. Los primeros insectos conocidos, como ahora las libélulas, tenían dos pares de alas que se movían de modo independiente sin doblarse. Los insectos más recientes, como mariposas, avispas y escarabajos, han desarrollado mecanismos para unir sus alas anteriores y posteriores a fin de producir dos superficies de vuelo que se mueven juntas, en vez de cuatro. Las moscas han perdido un par de alas.

ALAS ARRUGADAS
Las alas de una cigarra adulta son más grandes que el cuerpo (pág. 36). Pero un adulto joven tiene alas pequeñas y arrugadas. La sangre irrigada en las alas provoca que se extiendan rápidamente. Conforme las venas se endurecen, las alas se enderezan para volar.

ALAS BORDEADAS
A los insectos pequeños se les dificulta volar. El borde de estrías en esta ala amplificada de un mosquito pobablemente actúa como aleta en el ala de un avión y ayuda a reducir la "resistencia". A menudo, los insectos pequeños tienen alas angostas con bordes más grandes.

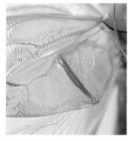

EL CANTO DE LOS GRILLOS
Los grillos machos producen cantos con sus alas anteriores especialmente adaptadas. La base del ala anterior izquierda (ar., i.) tiene una vena rígida rallada contra un área parecida a un tambor o espejo en el ala anterior derecha (ar., d.). Este espejo amplifica el sonido para atraer a la hembra a gran distancia.

Antena

Ojo

1 ANTES DEL DESPEGUE
Al igual que muchos aviones, un insecto grande como este escarabajo abejorro (*Melolontha melolontha*) calienta sus motores para volar. Antes de salir al aire, los escarabajos abren y cierran las cubiertas de sus alas varias veces para revisar si funcionan bien. Las mariposas nocturnas hacen vibrar con rapidez las alas antes de despegar para calentar los músculos de vuelo.

Las antenas se despliegan para percibir las corrientes de aire

Las uñas de las patas permiten al escarabajo agarrar con firmeza la planta, listo para el despegue

La cubierta de las alas, o élitros, protegen las alas posteriores más delicadas que están plegadas debajo (págs. 6-7).

Abdomen

Las cubiertas de las alas se comienzan a abrir

Alas posteriores plegadas debajo de las cubiertas de las alas

2 ABRIENDO LAS ALAS
Las cubiertas endurecidas de las alas anteriores se separan cuando el escarabajo abejorro se prepara para despegar en el borde de la planta. Las antenas se separan para verificar las corrientes de aire.

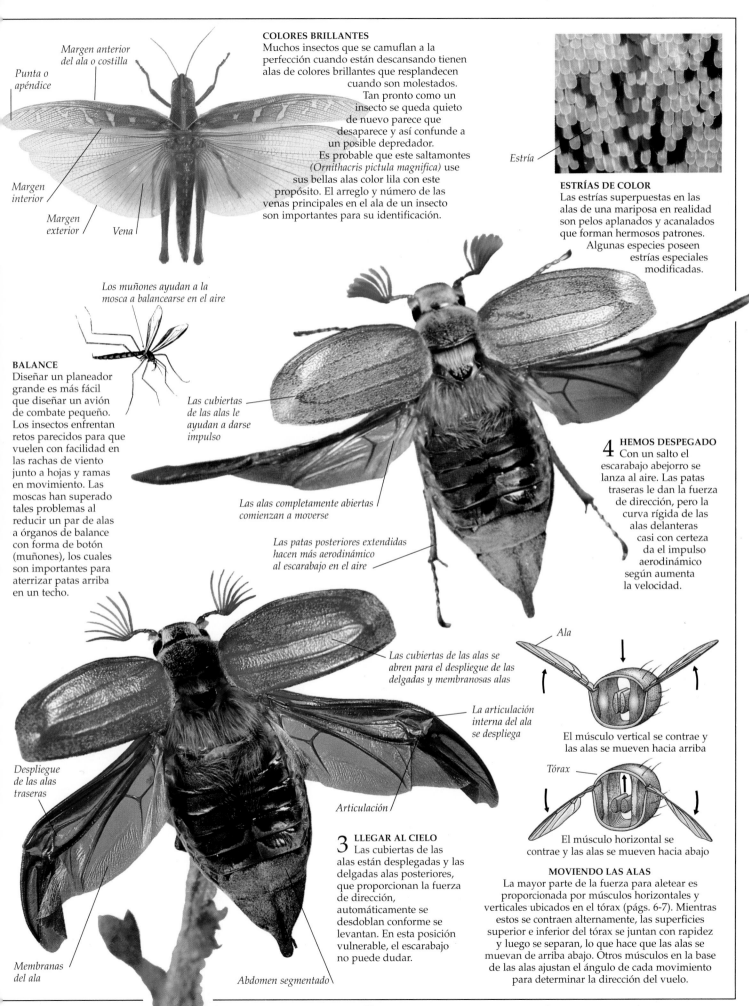

Punta o apéndice

Margen anterior del ala o costilla

Margen interior

Margen exterior

Vena

COLORES BRILLANTES

Muchos insectos que se camuflan a la perfección cuando están descansando tienen alas de colores brillantes que resplandecen cuando son molestados. Tan pronto como un insecto se queda quieto de nuevo parece que desaparece y así confunde a un posible depredador. Es probable que este saltamontes (*Ornithacris pictula magnifica*) use sus bellas alas color lila con este propósito. El arreglo y número de las venas principales en el ala de un insecto son importantes para su identificación.

Estría

ESTRÍAS DE COLOR

Las estrías superpuestas en las alas de una mariposa en realidad son pelos aplanados y acanalados que forman hermosos patrones. Algunas especies poseen estrías especiales modificadas.

Los muñones ayudan a la mosca a balancearse en el aire

BALANCE

Diseñar un planeador grande es más fácil que diseñar un avión de combate pequeño. Los insectos enfrentan retos parecidos para que vuelen con facilidad en las rachas de viento junto a hojas y ramas en movimiento. Las moscas han superado tales problemas al reducir un par de alas a órganos de balance con forma de botón (muñones), los cuales son importantes para aterrizar patas arriba en un techo.

Las cubiertas de las alas le ayudan a darse impulso

Las alas completamente abiertas comienzan a moverse

Las patas posteriores extendidas hacen más aerodinámico al escarabajo en el aire

4 HEMOS DESPEGADO

Con un salto el escarabajo abejorro se lanza al aire. Las patas traseras le dan la fuerza de dirección, pero la curva rígida de las alas delanteras casi con certeza da el impulso aerodinámico según aumenta la velocidad.

Las cubiertas de las alas se abren para el despliegue de las delgadas y membranosas alas

La articulación interna del ala se despliega

Despliegue de las alas traseras

Articulación

Ala

El músculo vertical se contrae y las alas se mueven hacia arriba

Tórax

El músculo horizontal se contrae y las alas se mueven hacia abajo

MOVIENDO LAS ALAS

La mayor parte de la fuerza para aletear es proporcionada por músculos horizontales y verticales ubicados en el tórax (págs. 6-7). Mientras estos se contraen alternamente, las superficies superior e inferior del tórax se juntan con rapidez y luego se separan, lo que hace que las alas se muevan de arriba abajo. Otros músculos en la base de las alas ajustan el ángulo de cada movimiento para determinar la dirección del vuelo.

3 LLEGAR AL CIELO

Las cubiertas de las alas están desplegadas y las delgadas alas posteriores, que proporcionan la fuerza de dirección, automáticamente se desdoblan conforme se levantan. En esta posición vulnerable, el escarabajo no puede dudar.

Membranas del ala

Abdomen segmentado

13

A través de los ojos de un insecto

Es MUY DIFÍCIL EXPLICAR qué significa el color para alguien que nunca ha podido ver; pero es mucho más difícil entender qué significa para un insecto el color, o incluso la vista. Los insectos tienen sentidos agudos que los humanos no tienen. Muchos de los insectos pueden percibir olores específicos a grandes distancias; otros pueden detectar vibraciones y oír sonidos que la gente no puede. Pero no podemos saber qué tipo de imagen del mundo obtienen los insectos a través de los ojos. Se sabe que una abeja grande posada en un poste puede ver a una persona en movimiento a varios metros; pero, ¿sólo la ve moviéndose o puede percibir que el objeto en movimiento es una persona y no un caballo? Se sabe que algunas chinches pueden ver o son particularmente atraídas a la luz ultravioleta y al color amarillo, pero no al azul ni al rojo. ¿Acaso ven colores o sombras en blanco y negro? Varios insectos han desarrollado soluciones a diferentes problemas. Las libélulas pueden capturar mosquitos en pleno vuelo al anochecer, cuando para los humanos está muy oscuro para ver moscas pero, ¿la libélula los ve o responde a su sonido o movimiento? El tema de los sentidos de los insectos está lleno de preguntas.

ATRACCIÓN A LA LUZ
En la noche, luces brillantes atraen a los insectos. Parece que los insectos que vuelan de noche navegan manteniendo la luz natural de la Luna en ángulo constante respecto a sus ojos. Hacen igual con la luz artificial. Los insectos vuelan hacia la luz en línea recta, pero cuando llegan a ella dan vueltas a su alrededor sin parar.

Luz natural

Luz ultravioleta

LA BELLEZA DEPENDE DE LOS OJOS DE QUIEN LA MIRA
Los ojos de muchos insectos registran cosas que los humanos no ven. Estas mariposas de alas bordeadas se fotografiaron con luz natural (i.) y con luz ultravioleta (d.). Tal vez los insectos no ven una mariposa amarilla con manchas anaranjadas, sino un insecto gris con áreas oscuras, grises y grandes. Muchas flores polinizadas por los insectos dependen de la visión ultravioleta para atraer a las abejas polinizadoras (págs. 42-43). La posición del nectar en la flor se indica por guías de miel visibles sólo bajo la luz ultravioleta.

Los tres ojos simples u ocelos quizá son sensibles a la luz

Los pelos sensores en toda la cabeza dan información adicional a la avispa de su entorno

Las antenas segmentadas perciben olores y miden el tamaño de las celdillas durante la construcción del panal

UNA CARA DE AVISPA
La cabeza de un insecto típico tiene un par de ojos compuestos y grandes y tres ojos simples en la punta. Los ojos compuestos de esta avispa (*Vespula vulgaris*) se extienden hacia las mejillas en las mandíbulas, pero no están desarrollados en el otro lado de la cara, donde están las antenas. Las antenas segmentadas sirven no sólo para percibir los olores, sino para medir el tamaño y la forma de cada celdilla nueva en el panal (págs. 50-51). Las mandíbulas poderosas son las manos y las herramientas de una avispa para cortar alimento, excavar y posarse en el nuevo panal. El patrón amarillo brillante y negro advierte a otros que este insecto tiene un peligroso aguijón.

Mandíbulas poderosas usadas para excavar, cortar alimento y permanecer en el material nuevo del nido

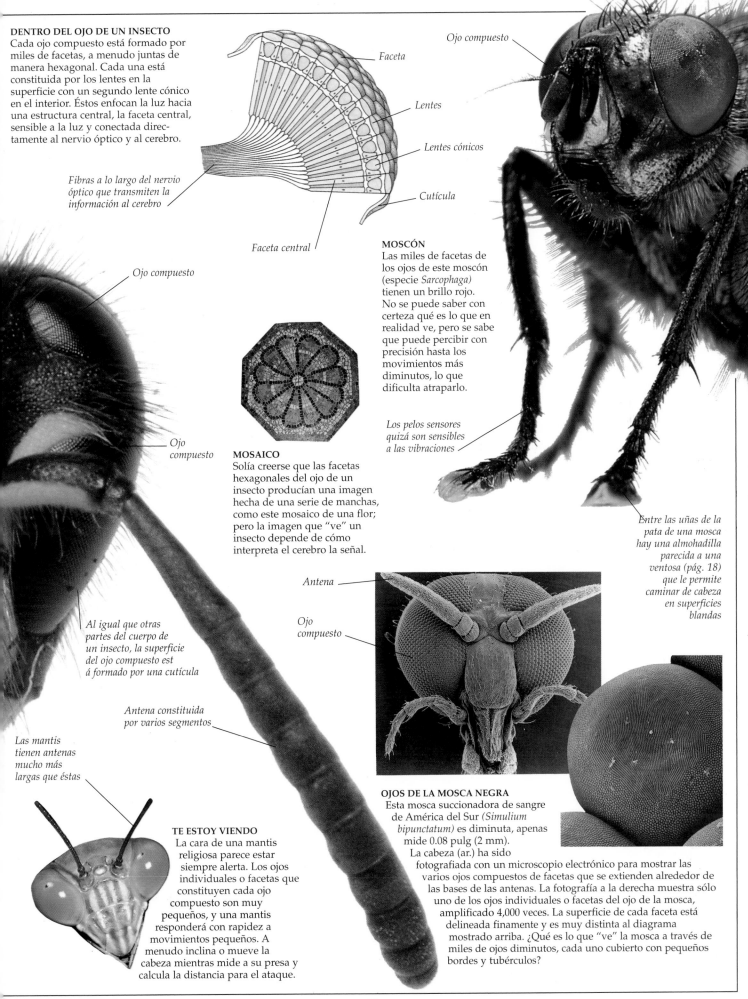

DENTRO DEL OJO DE UN INSECTO
Cada ojo compuesto está formado por miles de facetas, a menudo juntas de manera hexagonal. Cada una está constituida por los lentes en la superficie con un segundo lente cónico en el interior. Éstos enfocan la luz hacia una estructura central, la faceta central, sensible a la luz y conectada directamente al nervio óptico y al cerebro.

Fibras a lo largo del nervio óptico que transmiten la información al cerebro

Faceta

Lentes

Lentes cónicos

Cutícula

Faceta central

Ojo compuesto

MOSCÓN
Las miles de facetas de los ojos de este moscón (especie *Sarcophaga*) tienen un brillo rojo. No se puede saber con certeza qué es lo que en realidad ve, pero se sabe que puede percibir con precisión hasta los movimientos más diminutos, lo que dificulta atraparlo.

Los pelos sensores quizá son sensibles a las vibraciones

Entre las uñas de la pata de una mosca hay una almohadilla parecida a una ventosa (pág. 18) que le permite caminar de cabeza en superficies blandas

Ojo compuesto

Ojo compuesto

MOSAICO
Solía creerse que las facetas hexagonales del ojo de un insecto producían una imagen hecha de una serie de manchas, como este mosaico de una flor; pero la imagen que "ve" un insecto depende de cómo interpreta el cerebro la señal.

Al igual que otras partes del cuerpo de un insecto, la superficie del ojo compuesto est á formado por una cutícula

Antena constituida por varios segmentos

Las mantis tienen antenas mucho más largas que éstas

Antena

Ojo compuesto

TE ESTOY VIENDO
La cara de una mantis religiosa parece estar siempre alerta. Los ojos individuales o facetas que constituyen cada ojo compuesto son muy pequeños, y una mantis responderá con rapidez a movimientos pequeños. A menudo inclina o mueve la cabeza mientras mide a su presa y calcula la distancia para el ataque.

OJOS DE LA MOSCA NEGRA
Esta mosca succionadora de sangre de América del Sur (*Simulium bipunctatum*) es diminuta, apenas mide 0.08 pulg (2 mm). La cabeza (ar.) ha sido fotografiada con un microscopio electrónico para mostrar las varios ojos compuestos de facetas que se extienden alrededor de las bases de las antenas. La fotografía a la derecha muestra sólo uno de los ojos individuales o facetas del ojo de la mosca, amplificado 4,000 veces. La superficie de cada faceta está delineada finamente y es muy distinta al diagrama mostrado arriba. ¿Qué es lo que "ve" la mosca a través de miles de ojos diminutos, cada uno cubierto con pequeños bordes y tubérculos?

Tacto, olfato y oído

Pᴀʀᴀ ᴍᴜᴄʜᴏѕ ɪɴѕᴇᴄᴛᴏѕ, el mundo tal vez es un patrón de olores y sabores. Aunque la mayoría tiene ojos, la vista no es tan importante para entender su entorno, como lo es para los seres humanos. Las hormigas dejan rastro de una sustancia química y constantemente se tocan para pasar el olor de su nido. Muchos insectos producen sustancias como alarma para que los otros miembros de una colonia respondan con rapidez. Los escarabajos de estiércol pueden ubicar excremento fresco 60 segundos después de que ha sido producido. Algunos insectos, como los escarabajos de corteza, producen sustancias que atraen a los miembros de la misma especie, lo que hace que se agrupen en un árbol adecuado. Otras especies, como el típico gusano de la manzana, las producen para evitar que una segunda hembra ponga sus huevos en una fruta que ya los tenga. Este mundo de olores y sabores de los insectos también incluye vibraciones y sonidos no percibidos por los humanos. Los insectos pueden percibir vibraciones a través de oídos bien formados, como en las patas anteriores de los grillos y en el abdomen de los saltamontes y las cigarras, o pueden sentirlas a través de las patas y las antenas.

PALPOS EMPLUMADOS
La sensible antena de una mariposa nocturna macho es parecida a una pluma. La vara central tiene muchas ramas laterales, cubiertas con diminutos pelos sensores.

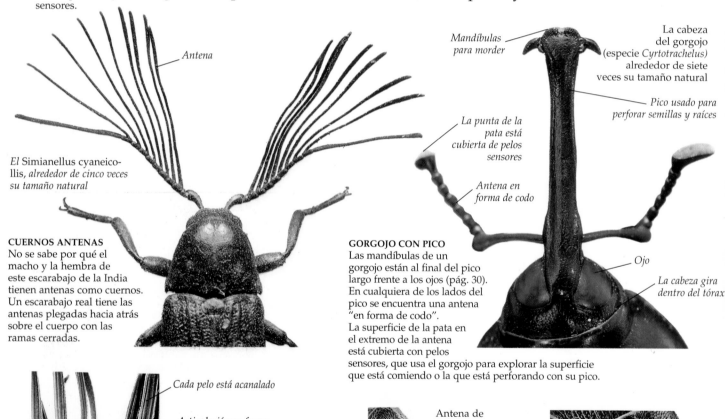

Antena

Mandíbulas para morder

La cabeza del gorgojo (especie *Cyrtotrachelus*) alrededor de siete veces su tamaño natural

Pico usado para perforar semillas y raíces

La punta de la pata está cubierta de pelos sensores

Antena en forma de codo

El Simianellus cyaneicollis, alrededor de cinco veces su tamaño natural

Ojo

La cabeza gira dentro del tórax

CUERNOS ANTENAS
No se sabe por qué el macho y la hembra de este escarabajo de la India tienen antenas como cuernos. Un escarabajo real tiene las antenas plegadas hacia atrás sobre el cuerpo con las ramas cerradas.

GORGOJO CON PICO
Las mandíbulas de un gorgojo están al final del pico largo frente a los ojos (pág. 30). En cualquiera de los lados del pico se encuentra una antena "en forma de codo". La superficie de la pata en el extremo de la antena está cubierta con pelos sensores, que usa el gorgojo para explorar la superficie que está comiendo o la que está perforando con su pico.

Cada pelo está acanalado

Articulación en forma de bola y entrada

PELOS AMPLIFICADOS
Con frecuencia, los pelos del cuerpo de un insecto no son tan simples ni parecidos a los cabellos, lo cual se vuelve visible cuando son amplificados 1,000 veces. Cada uno de estos pelos, alrededor de la boca de una larva, tiene su propia articulación en forma de "bola y entrada" en la base y están acanalados a los lados. Probablemente son sensibles a las vibraciones.

Antena de una mariposa

Antena de una mariposa ampliada 2,000 veces

¿SOLO ANTENAS?
Esto es parte de la antena de una mariposa, con uno de sus segmentos amplificado 2,000 veces. La superficie está cubierta con patrones complejos de diminutas clavijas sensoras o tubérculos, y hay una cutícula (págs. 6-7) con diminutos pelos para oler.

CEPILLOS DE PERFUME
Esta mariposa macho de América del Sur *(Antirrhea philoctetes)* tiene una espiral de pelos largos en el lado inferior del ala anterior, los cuales se cepillan contra un parche de "estrías de olor" especializadas en el lado superior del ala posterior. La entrada en la base de cada pelo tiene una forma octagonal para que el pelo pueda erizarse o mantenerse tandido. El cepillo elige las estrías de olor y dispersa éste para atraer a las hembras.

SINTIÉNDOSE BIEN
Este grillo fue hallado en una cueva en Nigeria. Tiene las antenas más largas por el tamaño de su cuerpo. Estos "sensores" tal vez son más útiles para sentir vibraciones y corrientes de aire que para percibir olores, como hacen las antenas de las mariposas nocturnas. Además pueden usarse como bastón de ciego para hallar el camino en la oscuridad.

Parte inferior del ala donde se muestran los cepillos de perfume

Palpos largos para manipular el alimento en la oscuridad

Antena muy fina y sensible para ayudar al grillo a encontrar el camino en la oscuridad

Par de "sierras" largas en la punta del abdomen cubiertas de pelos sensores

Grillo encontrado en cueva, tamaño real (especie *Phaeophilacris*)

Antena en forma de abanico

Escarabajo abejorro europeo *(Melolontha melolontha)* casi cinco veces su tamaño real

Ojo

ABANICOS DEL ESCARABAJO ABEJORRO
Los escarabajos (págs. 30-31) como éste tienen antenas en forma de abanicos. Cuando un escarabajo camina, las hojas del abanico se cierran, pero cuando el escarabajo empieza a volar (págs. 12-13), éstas se extienden para detectar la dirección del viento y cualquier olor que pueda llevar.

Rama lateral de la antena

Ojo

Antena dividida en muchos segmentos

Longicornio *(Cynopalus wallacei)* alrededor de cuatro veces su tamaño natural

CUERNOS LARGOS
Los longicornios se llaman así debido a sus antenas largas (pág. 31). Las antenas de la mayoría de las especies son simples, sin ramas o con muy pocas ramas laterales. Sin embargo, este macho de cuernos largos de Malasia (Asia sudoriental) es notable por sus largas ramas laterales, cada una cubierta con pelos sensores, lo que hace a las antenas doblemente sensibles.

Pata de un grillo *(Oxyecous lesnei)* casi ocho veces su tamaño real

Articulación

Fémur

Oído

Tibia

OÍDOS EN RODILLAS
Las patas anteriores de los grillos y de los insectos weta (págs. 40-41) tienen una protuberancia debajo de la rodilla; es su "oído" y consiste en una membrana en cada lado de la pata, parecida a un tambor, llamada tímpano. Como el de un humano, este tímpano es muy sensible a las vibraciones. En muchas especies los tímpanos son internos. La pata de estas especies curiosamente sobresale alrededor de los oídos.

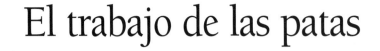

El trabajo de las patas

PARA LA MAYORÍA de los seres, las patas sirven para caminar, correr, brincar y mantener el cuerpo alejado del suelo. Los insectos dan muchos más usos a las patas. Las abejas (págs. 58-59) tienen cepillitos y cestitas en las patas para recolectar y almacenar el polen (págs. 42-43). Los saltamontes "cantan" con las patas al tallar una vena de sus patas traseras contra las alas delanteras. Algunos tienen oídos en las rodillas. Muchas patas de insectos sirven para pelear o sujetarse al sexo opuesto en el apareamiento. Hay insectos acuáticos (págs. 48-49) cuyas patas aplanadas con pelos largos funcionan como remos; otros tienen patas largas y delicadas en forma de zancos para andar sin hundirse. Todos los insectos tienen seis patas articuladas, y cada una tiene cuatro partes principales. En la cabeza está la coxa, la cual une la pata con el tórax; luego está el fémur y la pata inferior o tibia; en la punta de la pata está el tarso, que por lo general tiene dos uñas y a veces una almohadilla en medio que permite al insecto escalar casi cualquier superficie.

Limpieza de las patas

LIMPIEZA DE LAS PATAS
Las moscas están cubiertas de pelos que deben limpiarse y acicalarse regularmente para volar con eficacia. Las patas de las moscas tienen almohadillas entre las uñas que funcionan como una cinta plástica para pegarse, lo que les permite caminar patas arriba en superficies lisas.

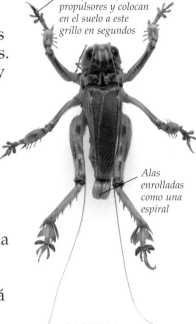

Pies que semejan propulsores y colocan en el suelo a este grillo en segundos

Alas enrolladas como una espiral

LA BAJADA
Las patas raras de este grillo del desierto (*Shizodactylus monstrosus*), que semejan propulsores, le permiten excavar un hoyo en la arena directamente debajo de él y desaparecer en cuestión de segundos. Los extremos de las alas están enrollados como una espiral para mantenerlas fuera del camino.

Alas posteriores inclinadas arriba del cuerpo

Patas anteriores extendidas, listas para el aterrizaje

Alas anteriores curvadas para salir al aire

1 EL ATERRIZAJE
El aterrizaje seguro siempre es un problema cuando se vuela. Esta langosta (*Schistocerca gregaria*) tiene las patas extendidas, las alas posteriores desplegadas y las alas anteriores curvadas para tomar la mayor cantidad de aire. La forma del ala de los pájaros y aeroplanos se ajusta igual cuando aterrizan para bajar la velocidad y descender con suavidad. Las langostas son especies particulares de saltamontes que a veces cambian su comportamiento y forman enjambres migratorios de miles de millones de insectos (pág. 61).

CHICOS SALTADORES
Esta secuencia de Muybridge (1830-1903) muestra cómo los vertebrados (pág. 9) brincan, aterrizan y brincan de nuevo en una acción. Los insectos, con músculos y articulaciones menos complejos, descansan un momento entre cada salto.

Las manchas multicolores en las alas ayudan a esconder al insecto en el suelo (págs. 44-45)

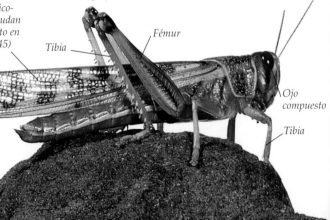

Fémur

Tibia

Ojo compuesto

Tibia

2 LA PREPARACIÓN DEL SALTO
La langosta se prepara para saltar de nuevo acercando al cuerpo, cerca del centro de gravedad, las partes largas y delgadas de las patas posteriores (las tibias). Los músculos grandes en la parte más gruesa de la pata (el fémur) están unidos a la punta de la tibia. Al contraerse tales músculos, la pata de repente se estira, lanzando al insecto al aire.

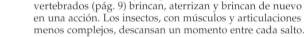

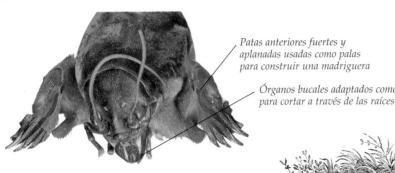

Patas anteriores fuertes y
aplanadas usadas como palas
para construir una madriguera

Órganos bucales adaptados como tijeras
para cortar a través de las raíces

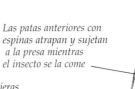

Las patas anteriores con
espinas atrapan y sujetan
a la presa mientras
el insecto se la come

MINITOPOS

Al igual que los topos, los grillos topo
(*Gryllotalpa gryllotalpa*) tienen patas
anteriores fuertes y aplanadas usadas
como palas para construir una
madriguera. Cuando cavan un túnel
debajo de la tierra, comen raíces
cortándolas con los órganos bucales
que funcionan como un par de tijeras.
Cuando son muy activos llegan a
convertirse en una plaga para
los jardines.

TOPOS

Aunque los topos se relacionan con los
grillos topo, que son insectos, tienen
patas anteriores que usan como palas
para construir su madriguera. A esto se
llama "evolución convergente", en
donde plantas o animales con estilos
de vida parecidos evolucionan como
estructuras similares.

PATAS SUJETADORAS

Las patas de muchos insectos son para sujetarse
o reptar. Esta mantis *(Sibylla pretiosa)* usa las patas
para atrapar y sujetar a su presa mientras la come.
Pero sucede que tales patas son más útiles
para sujetarse al sexo opuesto
durante el apareamiento
o para pelear.

*Alas ante-
riores y poste-
riores abiertas*

Antena

Tórax

*Alas alineadas para que el
saltamontes alcance altura*

Patas alineadas

*Patas colocadas
debajo del cuerpo*

3 ALCANZANDO ALTURA

Para llegar lo más alto posible, la
langosta alinea el cuerpo. Las alas
permanecen cerradas, las patas se
enderezan y se ponen debajo del cuerpo. A
pesar de ser pequeños, los músculos de la
pata de un saltamontes son casi 1,000 veces
más poderosos que un músculo humano
de igual peso. El salto de mayor altura
realizado por un saltamontes es de 20 pulg
(50 cm), 10 veces la longitud de su cuerpo.

4 A MEDIO SALTO

Una vez que la langosta ha llegado tan alto
como puede, abre los dos pares de alas al
máximo y comienza a moverlas rápidamente
para impulsarse más. Las patas posteriores
aún están alineadas, pero las patas anteriores
están extendidas conforme el saltamontes se
prepara para aterrizar otra vez.

ESCONDIÉNDOSE TRAS LAS PATAS

El color y la forma de las extensiones
de las patas de este insecto hoja
(Phyllium pulcrifolium) sirven para
romper el contorno de las patas. Esto
hace que las patas se vean menos como
tales y dificulta que un depredador
lo reconozca como comida.

*Las extensiones con forma de hoja
de las patas rompen su contorno*

Antena

Ojo

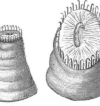

SEUDOPIÉS

Las "patas" en el abdomen de las orugas no son verdaderas, sino
extensiones musculares llamadas patas abdominales; cada una tiene
un círculo de pelos en la punta. Las patas abdominales son para la
locomoción y las patas verdaderas en el tórax, para sostener el alimento.

*El verde y el marrón
se mezclan con las
hojas de alrededor*

Órganos bucales y alimentación

LOS ANTEPASADOS DE LOS INSECTOS tenían tres pares de mandíbulas en la cabeza. Los insectos modernos, en todas las especies de masticadores, tienen bien desarrollado el primer par, las mandíbulas; el segundo par, las maxilas, es más pequeño y está modificado para ayudar a empujar o succionar la comida en la boca. El tercer par se une para formar el labio inferior o *labium*. Sin embargo, de acuerdo con su dieta, muchos insectos tienen modificados estos tres pares en agujas perforadoras, tubos de succión largos y esponjas absorbentes.

GRILLO DE CAMPO
Este grillo se alimenta con una flor. Sostiene la planta con las patas traseras, mientras las mandíbulas en forma de sierra la mastican. Los grillos, además, comen insectos, incluso a los jóvenes de su clase.

PULGA QUE PICA
Este grabado antiguo no es exacto, pero muestra que las pulgas tienen un tubo de succión poderoso rodeado por dos pares de palpos u órganos sensores.

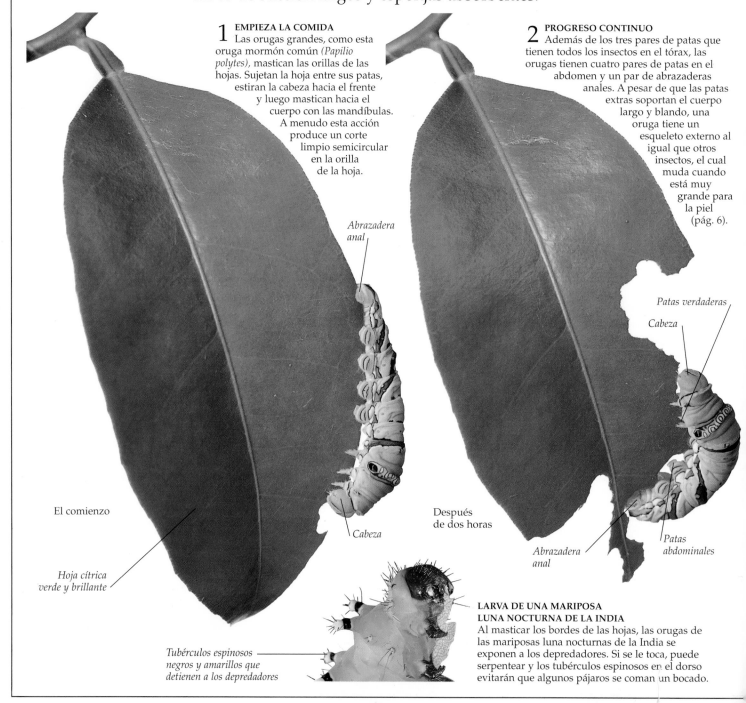

1 EMPIEZA LA COMIDA
Las orugas grandes, como esta oruga mormón común *(Papilio polytes)*, mastican las orillas de las hojas. Sujetan la hoja entre sus patas, estiran la cabeza hacia el frente y luego mastican hacia el cuerpo con las mandíbulas. A menudo esta acción produce un corte limpio semicircular en la orilla de la hoja.

2 PROGRESO CONTINUO
Además de los tres pares de patas que tienen todos los insectos en el tórax, las orugas tienen cuatro pares de patas en el abdomen y un par de abrazaderas anales. A pesar de que las patas extras soportan el cuerpo largo y blando, una oruga tiene un esqueleto externo al igual que otros insectos, el cual muda cuando está muy grande para la piel (pág. 6).

Abrazadera anal

Patas verdaderas

Cabeza

El comienzo

Después de dos horas

Cabeza

Abrazadera anal

Patas abdominales

Hoja cítrica verde y brillante

LARVA DE UNA MARIPOSA LUNA NOCTURNA DE LA INDIA
Al masticar los bordes de las hojas, las orugas de las mariposas luna nocturnas de la India se exponen a los depredadores. Si se le toca, puede serpentear y los tubérculos espinosos en el dorso evitarán que algunos pájaros se coman un bocado.

Tubérculos espinosos negros y amarillos que detienen a los depredadores

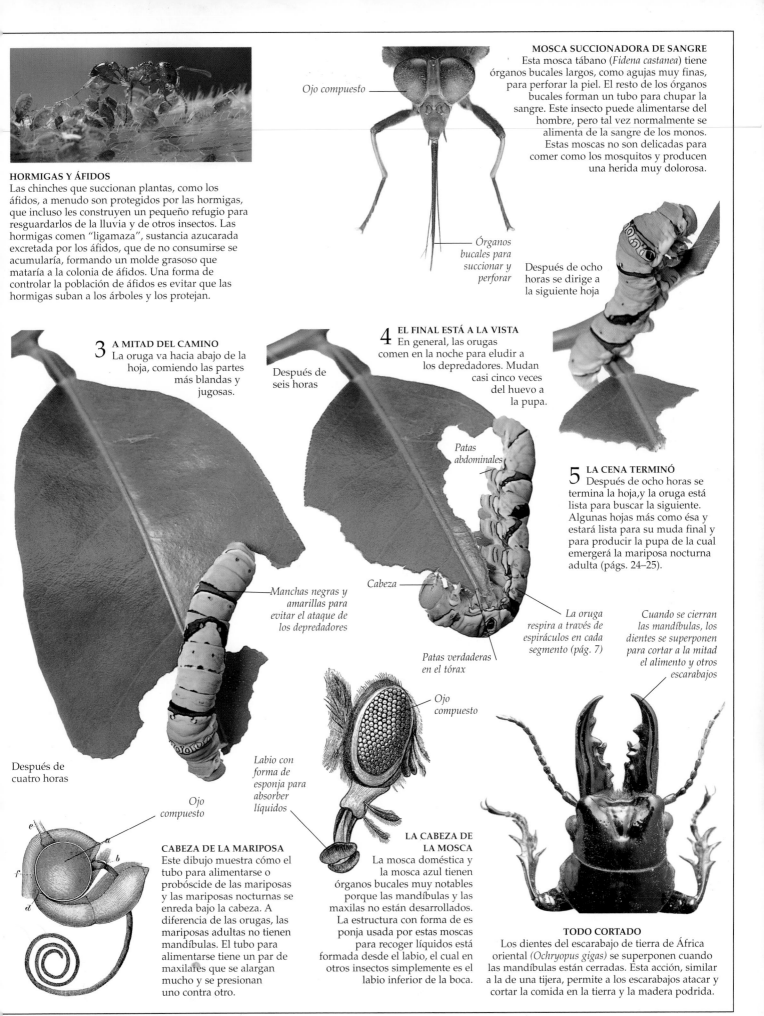

MOSCA SUCCIONADORA DE SANGRE

Esta mosca tábano (*Fidena castanea*) tiene órganos bucales largos, como agujas muy finas, para perforar la piel. El resto de los órganos bucales forman un tubo para chupar la sangre. Este insecto puede alimentarse del hombre, pero tal vez normalmente se alimenta de la sangre de los monos. Estas moscas no son delicadas para comer como los mosquitos y producen una herida muy dolorosa.

Ojo compuesto

Órganos bucales para succionar y perforar

HORMIGAS Y ÁFIDOS

Las chinches que succionan plantas, como los áfidos, a menudo son protegidos por las hormigas, que incluso les construyen un pequeño refugio para resguardarlos de la lluvia y de otros insectos. Las hormigas comen "ligamaza", sustancia azucarada excretada por los áfidos, que de no consumirse se acumularía, formando un molde grasoso que mataría a la colonia de áfidos. Una forma de controlar la población de áfidos es evitar que las hormigas suban a los árboles y los protejan.

Después de ocho horas se dirige a la siguiente hoja

3 A MITAD DEL CAMINO
La oruga va hacia abajo de la hoja, comiendo las partes más blandas y jugosas.

Después de seis horas

4 EL FINAL ESTÁ A LA VISTA
En general, las orugas comen en la noche para eludir a los depredadores. Mudan casi cinco veces del huevo a la pupa.

Patas abdominales

5 LA CENA TERMINÓ
Después de ocho horas se termina la hoja, y la oruga está lista para buscar la siguiente. Algunas hojas más como ésa y estará lista para su muda final y para producir la pupa de la cual emergerá la mariposa nocturna adulta (págs. 24–25).

Manchas negras y amarillas para evitar el ataque de los depredadores

Cabeza

La oruga respira a través de espiráculos en cada segmento (pág. 7)

Cuando se cierran las mandíbulas, los dientes se superponen para cortar a la mitad el alimento y otros escarabajos

Patas verdaderas en el tórax

Después de cuatro horas

Ojo compuesto

Ojo compuesto

Labio con forma de esponja para absorber líquidos

CABEZA DE LA MARIPOSA
Este dibujo muestra cómo el tubo para alimentarse o probóscide de las mariposas y las mariposas nocturnas se enreda bajo la cabeza. A diferencia de las orugas, las mariposas adultas no tienen mandíbulas. El tubo para alimentarse tiene un par de maxilares que se alargan mucho y se presionan uno contra otro.

LA CABEZA DE LA MOSCA
La mosca doméstica y la mosca azul tienen órganos bucales muy notables porque las mandíbulas y las maxilas no están desarrollados. La estructura con forma de esponja usada por estas moscas para recoger líquidos está formada desde el labio, el cual en otros insectos simplemente es el labio inferior de la boca.

TODO CORTADO
Los dientes del escarabajo de tierra de África oriental (*Ochryopus gigas*) se superponen cuando las mandíbulas están cerradas. Esta acción, similar a la de una tijera, permite a los escarabajos atacar y cortar la comida en la tierra y la madera podrida.

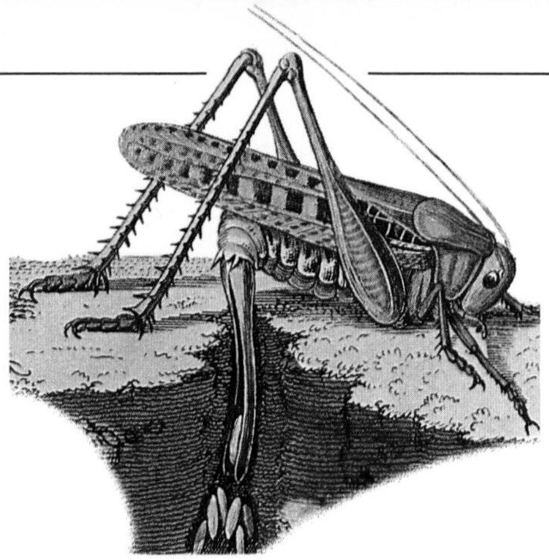

Los escarabajos que luchan

En una planta huésped sana, de clima caluroso, un áfido puede producir 50 crías en una semana, que madurarán una semana después. Con este índice de crianza, el mundo podría estar repleto de áfidos en pocas semanas, pero no sucede. El número de plantas para alimentar a las poblaciones grandes de insectos es limitado, y la falta de recursos sumada a los depredadores limitan el número de insectos. A pesar de lo anterior, una gran colonia de langostas incluirá millones de individuos. Algunos insectos, como los que se alimentan de madera seca, compiten por el alimento y los lugares para criar. Muchos machos deberán tener cuernos o mandíbulas grandes para pelear con los rivales por una rama seca en la cual aparearse y tener a sus crías.

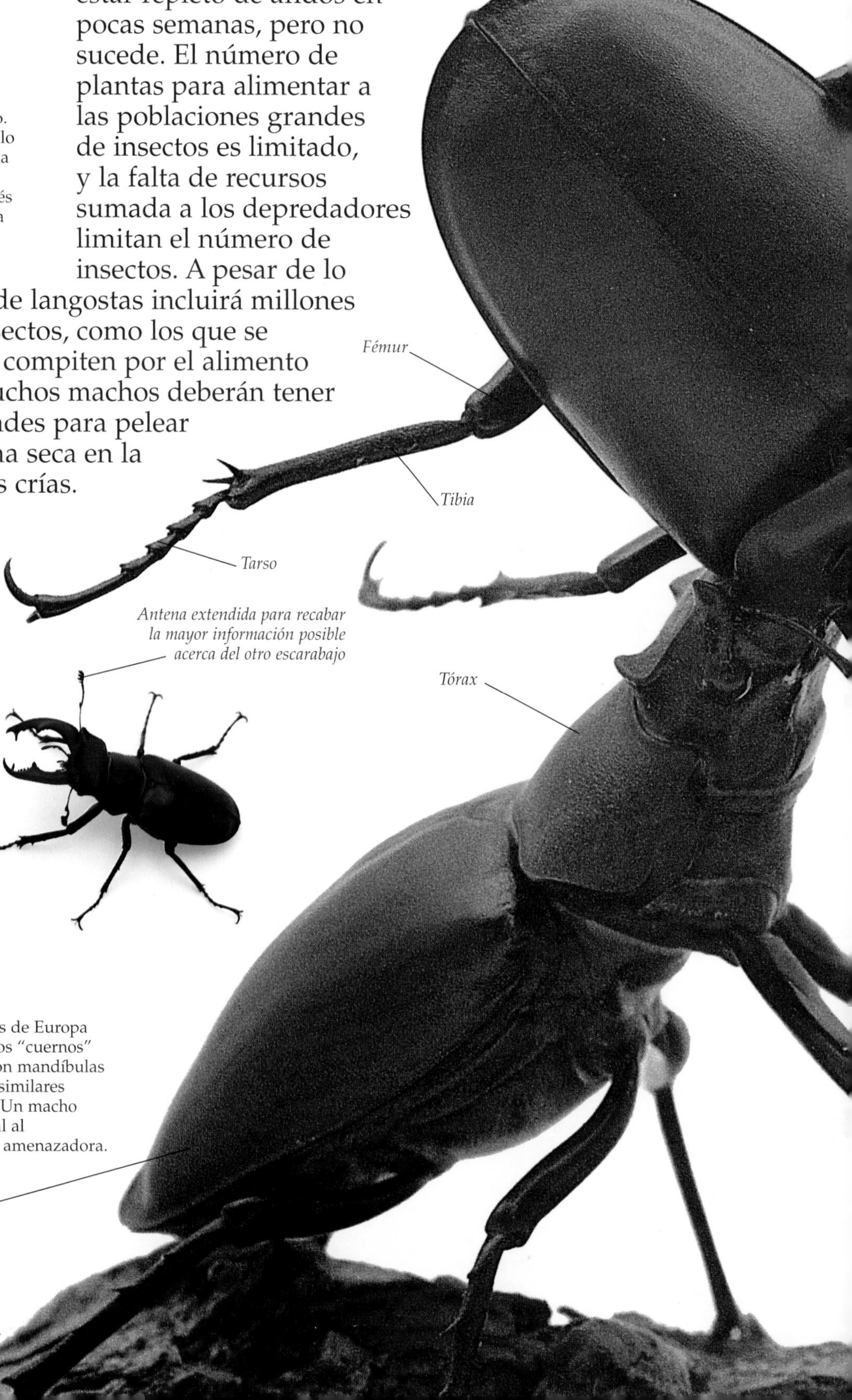

LA EXCAVACIÓN PROFUNDA
Los saltamontes ponen sus huevos en grupos alrededor de las raíces del pasto. Por el contrario, las langostas, y este grillo de campo *(Decticus albifrons)*, cavan en la tierra con un oviscapto largo y recto y ponen los huevos debajo de ella. Después llenan el hoyo y rascan en la tierra para esconderlos de los parásitos.

Fémur

Tibia

Tarso

Tórax

¡Veamos quién manda!

Mandíbulas en forma de cuernos

Antena extendida para recabar la mayor información posible acerca del otro escarabajo

1 MIDIENDO AL RIVAL
Los ciervos volantes, como éstos de Europa *(Lacanus cervus)*, se llaman así por los "cuernos" del macho, los cuales en realidad son mandíbulas alargadas usadas para pelear, muy similares a los cuernos del verdadero ciervo. Un macho defiende su territorio, por lo general al anochecer, adoptando una posición amenazadora.

Cubierta protectora negra y dura

Uñas

Tarso
segmentado

La cubierta dura
de las alas o élitro
protege a las alas
posteriores que son
más delicadas y
al abdomen

Las mandíbulas
rodean al rival

Ojo

Palpo para
percibir la comida

Mandíbulas
duras en
forma de
antenas

Tarso

Tibia

Ooteca o saco
de huevos

Cucaracha hembra con
un saco de huevos

Antena

Patas espinosas para
atacar a los depredadores

HUEVOS EN UNA CANASTA
Las cucarachas dejan sus
huevos en grupos, como los
saltamontes. Pero mientras los
saltamontes depositan sus huevos
en partículas de tierra, una cucaracha
hembra produce una estructura dura
y con forma de saco llamada ooteca,
con dos filas de huevos en su interior.

Antena

Cuernos
pequeños

LUCHA POR EL PODER
Los combates entre
dos machos es común en
muchas especies animales
como una forma de
probar el dominio y de
defender el territorio. El rito
de la lucha es una forma de disipar
el instinto agresivo del macho.

Hembra
del ciervo
volante

SIN CUERNOS
A diferencia de los ciervos volantes macho, las hembras no
tienen uñas largas para pelear, porque ellas tienen un papel
diferente al de los machos y no necesitan defender los lugares
donde comen y tienen a sus crías. Una diferencia tan marcada
entre el macho y la hembra se conoce como dimorfismo sexual.
Curiosamente, los ciervos volantes macho que son muy pequeños tampoco tienen uñas de pelea, pero sobreviven cuando no
hay comida suficiente para producir machos más grandes.

El escarabajo derrotado
permanece boca arriba

La pelea en todo
su fragor

Antena

2 LA PELEA
Cuando las amenazas no son
suficientes, el macho defensor agarrará
a su rival y cada uno intentará tirar al
otro sujetándolo por el centro de los
cuernos. Una vez que lo logra, sólo es
cuestión de tirar al rival de la rama o
del leño para que caiga al suelo.

Sin la pata
anterior

Las uñas en el tarso ayudan al
escarabajo a sujetarse de la rama con
firmeza mientras se defiende

3 LA DERROTA
Si el escarabajo vencido permanece sobre su
dorso tal vez no pueda voltearse antes que las
hormigas se lo coman, sobre todo si ha sido
lesionado, como éste. A veces, los dientes que
rodean la mandíbula del ganador perforan el
caparazón del rival, que acabará por morir.

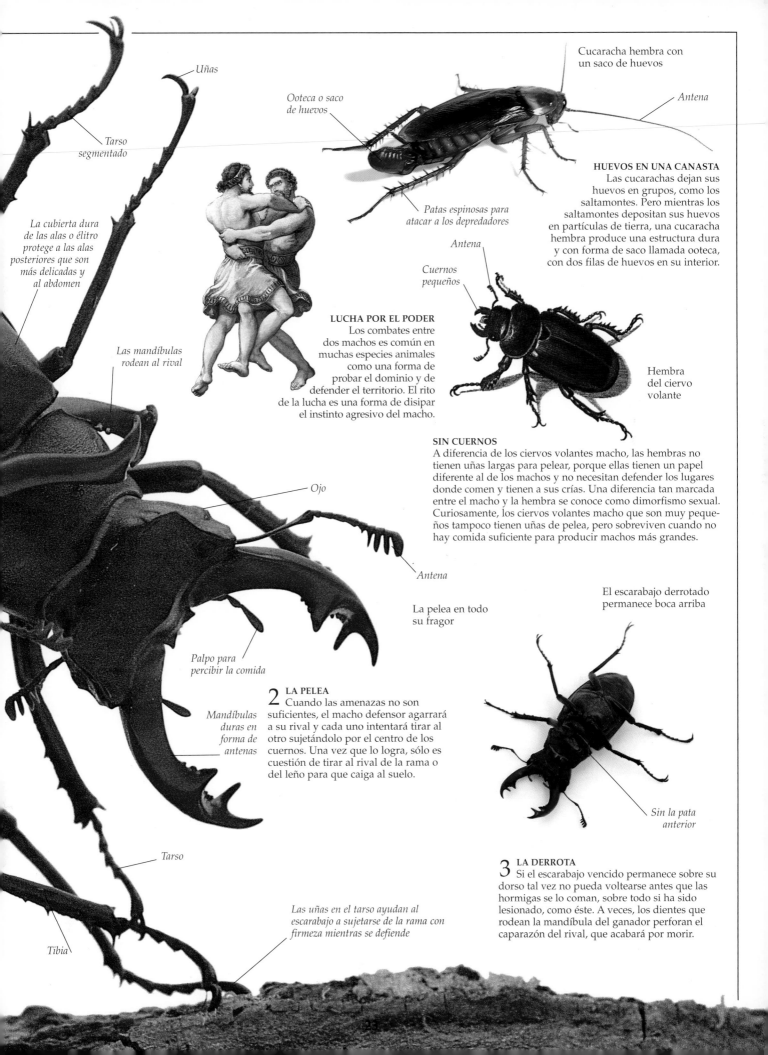

Metamorfosis completa

METAMORFOSIS SIGNIFICA cambio en la forma y apariencia del cuerpo. Los insectos más desarrollados incluyen en su ciclo de vida una metamorfosis "completa". Los huevos se incuban para producir una larva (orugas o gusanos) muy distinta a como serán los insectos adultos. La larva crece, cambia (págs. 6-7) y produce una pupa (crisálida). Dentro de la pupa se reorganiza el cuerpo y surge el adulto con alas. Este ciclo permite a la larva especializarse en la alimentación, y a los adultos en criar y buscar sitios nuevos. Avispas, abejas, moscas, escarabajos, mariposas, mariposas nocturnas, frigáneos, pulgas, crisopas y moscas escorpión sufren una metamorfosis completa. Pero no todos siguen la regla: los adultos de algunas especies de escarabajos parecen larvas; algunas mariposas nocturnas no tienen alas, y hay moscas sin adultos porque cada larva produce más larvas dentro de su cuerpo.

EL APAREAMIENTO
El escarabajo del frijol mexicano *(Epilachna varivestis)* es una especie de mariquita herbívoro. Machos y hembras son muy similares y se aparean a menudo.

LOS HUEVOS
La hembra del escarabajo del frijol mexicano pone alrededor de 50 huevos bajo las hojas, donde están bien protegidos. Cada huevo permanece hasta el final y tarda cerca de una semana en incubar.

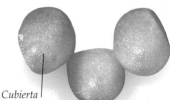

La larva sale

Cubierta

1 LA INCUBACIÓN DEL HUEVO
Los huevos también respiran. En la punta del huevo hay un anillo de poros que deja pasar aire a la larva en desarrollo. Casi una semana después de puesto el huevo, la larva rompe la punta o la arranca con los dientes para poder salir.

Piel vieja de la larva

Piel pupal nueva

4 A PUNTO DE CAMBIAR
Cuando la larva ha comido lo suficiente, se sujeta con firmeza a la parte inferior de una hoja dañada y enredada, lista para pupar. La larva muda su vieja piel por otra nueva y blanda, la cual se endurece rápidamente.

La larva, alimentándose de una rama

COMIENDO HOJAS El escarabajo del frijol mexicano, tanto larva como adulto, se alimenta de hojas; solo come las partes carnosas entre las venas y los extremos hilados de la hoja.

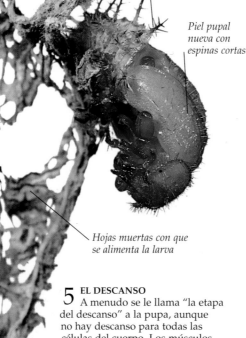

Piel vieja de la larva con espinas largas

Piel pupal nueva con espinas cortas

Hojas muertas con que se alimenta la larva

5 EL DESCANSO
A menudo se le llama "la etapa del descanso" a la pupa, aunque no hay descanso para todas las células del cuerpo. Los músculos, los nervios y otras estructuras se disuelven, y se forman nuevos miembros con músculos y nervios nuevos. En esta foto, el amarillo claro de las cubiertas de las alas del adulto y el primer segmento del tórax se aprecian a través de la delgada piel de la pupa.

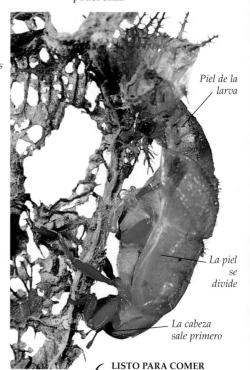

Piel de la larva

La piel se divide

La cabeza sale primero

6 LISTO PARA COMER
La piel delgada y espinosa de la pupa se rasga en la parte inferior, y sale lentamente la cabeza del joven y blando adulto. Un escarabajo joven tarda una hora en romper la pupa para liberarse por completo.

Huevos

Larva
joven

Larva
madura

Pupa macho

Pupa hembra

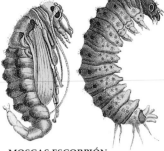

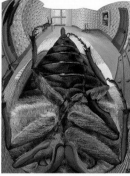

EL DESARROLLO DEL CIERVO VOLANTE

Las larvas de los ciervos volantes y otros escarabajos siempre adoptan una postura en forma de C. La pupa macho con mandíbulas grandes se distingue fácilmente de la hembra.

MOSCAS ESCORPIÓN

Igual que las hormigas león (pág. 41), las moscas escorpión sufren una metamorfosis completa. El dibujo muestra una larva y una pupa con brotes de alas.

LA TRANSFORMACIÓN

Esta pintura de Barbara Lofthouse representa una escena de *La metamorfosis* de Kafka, en la que un hombre se transforma en insecto.

Las manchas rojas están aso-ciadas con los ojos simples

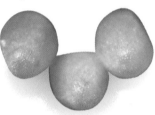

PROTECCIÓN CONTRA LOS PARÁSITOS

Las espinas en la superficie de la larva tienen ramas puntiagudas y duras. Las mariquitas que se alimentan de plantas tienen espinas como ésta, pero ninguna especie depredadora común las tiene. Las espinas le dan un sabor desagradable a la larva y evitan que los parásitos pongan sus huevos en ella.

2 LA SALIDA DE LA LARVA

Se observan tres manchas rojas en cada lado de la cabeza de la larva con espinas blandas cuando sale del huevo. Las larvas no tienen ojos compuestos, como los adultos, y tales manchas se asocian con simples ojos.

3 CENA INICIAL

En muchas especies de insectos, tan pronto la joven larva sale del huevo, se voltea y come la cubierta, la cual se cree que contiene nutrimentos valiosos. Las espinas blandas en la superficie de la larva se endurecen rápidamente.

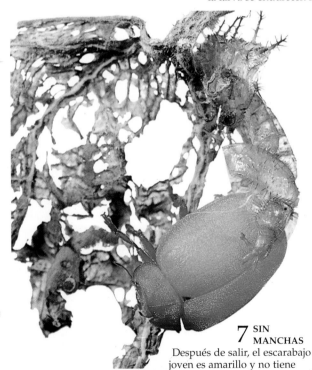

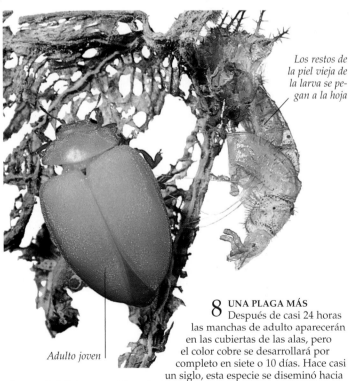

Los restos de la piel vieja de la larva se pe-gan a la hoja

7 SIN MANCHAS

Después de salir, el escarabajo joven es amarillo y no tiene manchas, aunque la cubierta de las alas se endurece con rapidez. Antes de que pueda volar tiene lugar la etapa crucial, que dura dos o tres horas, cuando el joven escarabajo sujeta las cubiertas de las alas y las extiende por debajo para secarlas.

Adulto joven

8 UNA PLAGA MÁS

Después de casi 24 horas las manchas de adulto aparecerán en las cubiertas de las alas, pero el color cobre se desarrollará por completo en siete o 10 días. Hace casi un siglo, esta especie se diseminó hacia el norte de México en cultivos de frijoles. Luego, en 1918 fue importada por accidente al este de Estados Unidos y se diseminó hacia Canadá. Hoy es una plaga de los cultivos de frijol en América Central y del Norte, a pesar de que no puede vivir en áreas centrales del norte por los crudos inviernos.

Metamorfosis incompleta

LOS INSECTOS MÁS EVOLUCIONADOS pasan por una metamorfosis completa (págs. 24-25), en la que la forma del cuerpo se transforma relativamente rápido de larva a adulto durante la etapa de la pupa. Sin embargo, la transformación gradual a través de una serie de etapas, en las que las ninfas poco a poco se ven más como adultos, debió ser el ciclo de vida de los insectos primitivos originales. Esta metamorfosis "incompleta" se ve en saltamontes, cucarachas, termitas, efímeras, libélulas y chinches. Las ninfas muy jóvenes no muestran señales de alas, pero las mayores tienen "brotes" más largos o más cortos en el tórax, dentro de los cuales crecen las alas hasta que por último la ninfa muda y sale el adulto. Las ninfas de algunos insectos, como el caballito del diablo, mostrados en las siguientes cuatro páginas, viven debajo del agua y sólo aparecen cuando es tiempo de que emerja el adulto con alas.

Macho

El esperma se deposita aquí

Hembra

CORAZONES DE AMOR
El caballito del diablo macho transfiere su esperma a una estructura en la superficie inferior del abdomen, cerca de sus patas traseras. Abraza el cuello de la hembra con la punta del abdomen y ella levanta el suyo para recolectar el esperma. Quizás vuelen juntos en esta posición, formando un corazón con la cabeza del macho abajo en la punta y la de la hembra en la cima del corazón.

Ojo

Pulga acuática

Máscara

NINFA COMIENDO
Se puede ver que la máscara (pág. 49), que es expulsada para capturar a la presa, tiene una pulga acuática con la que se alimenta el caballito del diablo.

NINFA JOVEN
Un huevo tarda meses o hasta tres años para convertirse en adulto, según cada especie. Por lo general, las ninfas mudan (pág. 6) cerca de 12 veces, y en las primeras etapas no tienen brotes de alas. Las ninfas jóvenes a menudo son transparentes para esconderse de los depredadores.

Esta ninfa joven perdió una de sus branquias; debería tener tres

Brotes de las alas

Ninfa madura

Branquias

NINFA MADURA
Una ninfa cuando está totalmente desarrollada tiene colores ocultos que le permiten esconderse tanto de su presa como del depredador. Los brotes de las alas se pueden observar extendidas desde el tórax sobre los primeros tres segmentos del abdomen.

TIJERETAS
Las tijeretas hembra son conocidas por tener un comportamiento social primitivo. A veces excavan un pequeño hoyo en el que ponen sus huevos y luego se quedan ahí para protegerlos. Si los huevos son dispersados deliberadamente, la tijereta los junta de nuevo. Aun cuando salen las ninfas jóvenes, la hembra permanece con ellas hasta que están listas para dispersarse y valerse por sí mismas.

RESPIRACIÓN BAJO EL AGUA
Las ninfas de las libélulas y los caballitos del diablo absorben oxígeno y desechan el dióxido de carbono por medio de sus branquias, al igual que los peces. Pero a diferencia de éstos, las branquias de la ninfa de los caballitos del diablo no están en la cabeza, sino en la cola en tres estructuras parecidas a un abanico. No se sabe con certeza cuán necesarias son para respirar pues, aunque los depredadores se las comen, les crecen de nuevo. Quizá tienen una función señuelo importante para alejar de la cabeza de la ninfa el ataque de un depredador.

Surgimiento del adulto

Aunque la ninfa del caballito del diablo vive debajo del agua y el adulto vuela, la estructura de éste puede verse claramente en la ninfa madura. Los músculos de vuelo y el tórax profundo están ahí, el cuerpo y las alas deben crecer más y la máscara de la ninfa debe eliminarse de la cabeza. Una vez que ha salido al aire, por lo regular cerca de dos horas después, la ninfa debe convertirse rápidamente en adulto y volar, de lo contrario algún otro animal se la comerá.

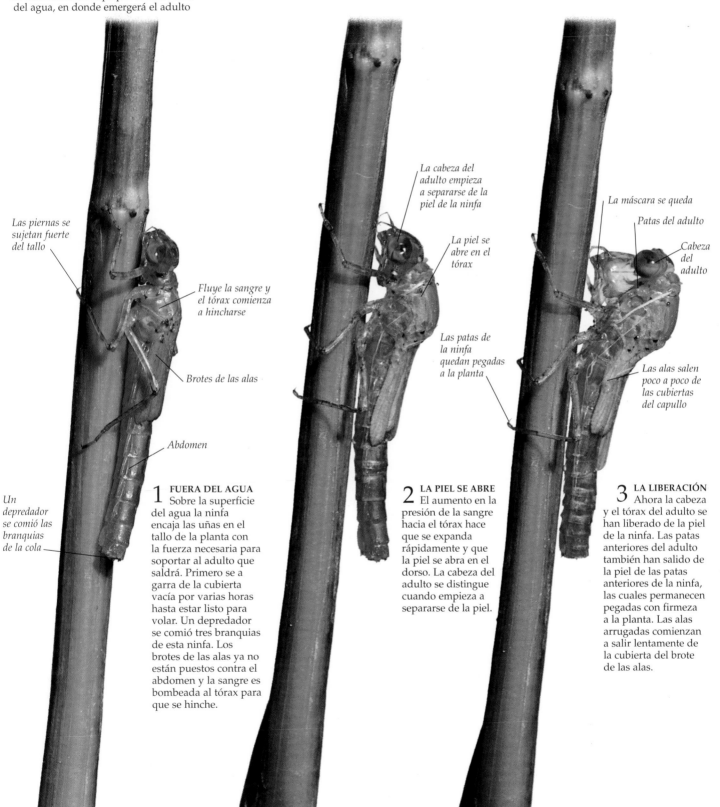

La ninfa madura trepa por el tallo fuera del agua, en donde emergerá el adulto

Las piernas se sujetan fuerte del tallo

Fluye la sangre y el tórax comienza a hincharse

Brotes de las alas

Abdomen

Un depredador se comió las branquias de la cola

1 FUERA DEL AGUA
Sobre la superficie del agua la ninfa encaja las uñas en el tallo de la planta con la fuerza necesaria para soportar al adulto que saldrá. Primero se a garra de la cubierta vacía por varias horas hasta estar listo para volar. Un depredador se comió tres branquias de esta ninfa. Los brotes de las alas ya no están puestos contra el abdomen y la sangre es bombeada al tórax para que se hinche.

La cabeza del adulto empieza a separarse de la piel de la ninfa

La piel se abre en el tórax

Las patas de la ninfa quedan pegadas a la planta

2 LA PIEL SE ABRE
El aumento en la presión de la sangre hacia el tórax hace que se expanda rápidamente y que la piel se abra en el dorso. La cabeza del adulto se distingue cuando empieza a separarse de la piel.

La máscara se queda

Patas del adulto

Cabeza del adulto

Las alas salen poco a poco de las cubiertas del capullo

3 LA LIBERACIÓN
Ahora la cabeza y el tórax del adulto se han liberado de la piel de la ninfa. Las patas anteriores del adulto también han salido de la piel de las patas anteriores de la ninfa, las cuales permanecen pegadas con firmeza a la planta. Las alas arrugadas comienzan a salir lentamente de la cubierta del brote de las alas.

Continúa en la siguiente página

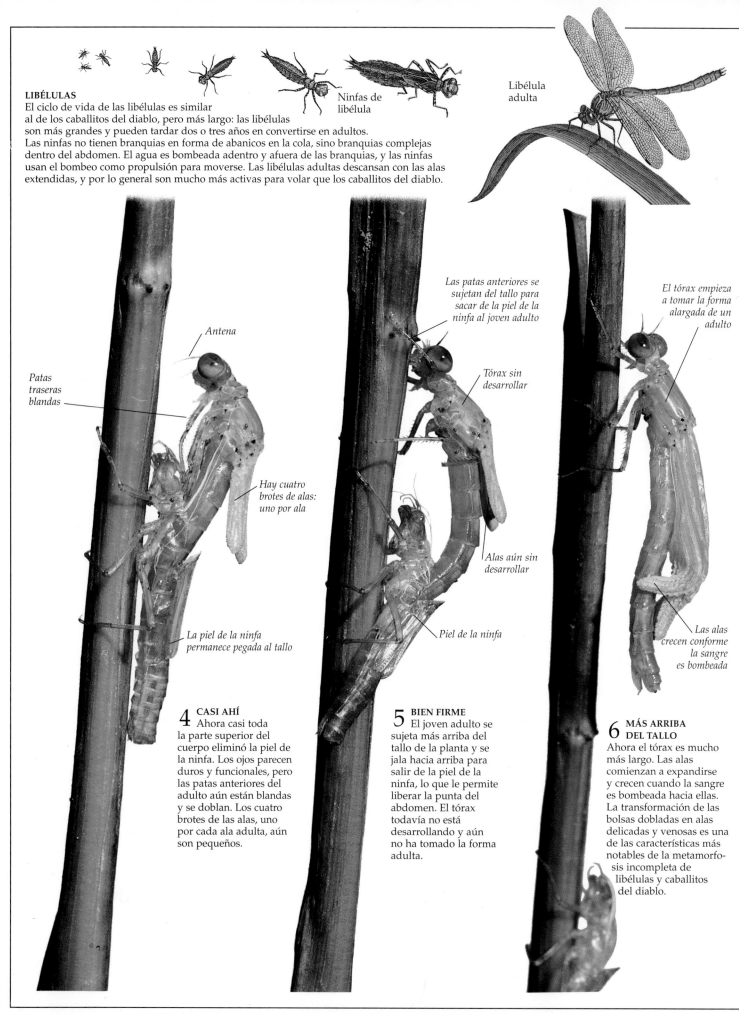

LIBÉLULAS

El ciclo de vida de las libélulas es similar
al de los caballitos del diablo, pero más largo: las libélulas
son más grandes y pueden tardar dos o tres años en convertirse en adultos.
Las ninfas no tienen branquias en forma de abanicos en la cola, sino branquias complejas
dentro del abdomen. El agua es bombeada adentro y afuera de las branquias, y las ninfas
usan el bombeo como propulsión para moverse. Las libélulas adultas descansan con las alas
extendidas, y por lo general son mucho más activas para volar que los caballitos del diablo.

Ninfas de libélula

Libélula adulta

Antena

Patas traseras blandas

Las patas anteriores se sujetan del tallo para sacar de la piel de la ninfa al joven adulto

Tórax sin desarrollar

El tórax empieza a tomar la forma alargada de un adulto

Hay cuatro brotes de alas: uno por ala

Alas aún sin desarrollar

La piel de la ninfa permanece pegada al tallo

Piel de la ninfa

Las alas crecen conforme la sangre es bombeada

4 CASI AHÍ
Ahora casi toda
la parte superior del
cuerpo eliminó la piel de
la ninfa. Los ojos parecen
duros y funcionales, pero
las patas anteriores del
adulto aún están blandas
y se doblan. Los cuatro
brotes de las alas, uno
por cada ala adulta, aún
son pequeños.

5 BIEN FIRME
El joven adulto se
sujeta más arriba del
tallo de la planta y se
jala hacia arriba para
salir de la piel de la
ninfa, lo que le permite
liberar la punta del
abdomen. El tórax
todavía no está
desarrollando y aún
no ha tomado la forma
adulta.

**6 MÁS ARRIBA
DEL TALLO**
Ahora el tórax es mucho
más largo. Las alas
comienzan a expandirse
y crecen cuando la sangre
es bombeada hacia ellas.
La transformación de las
bolsas dobladas en alas
delicadas y venosas es una
de las características más
notables de la metamorfo-
sis incompleta de
libélulas y caballitos
del diablo.

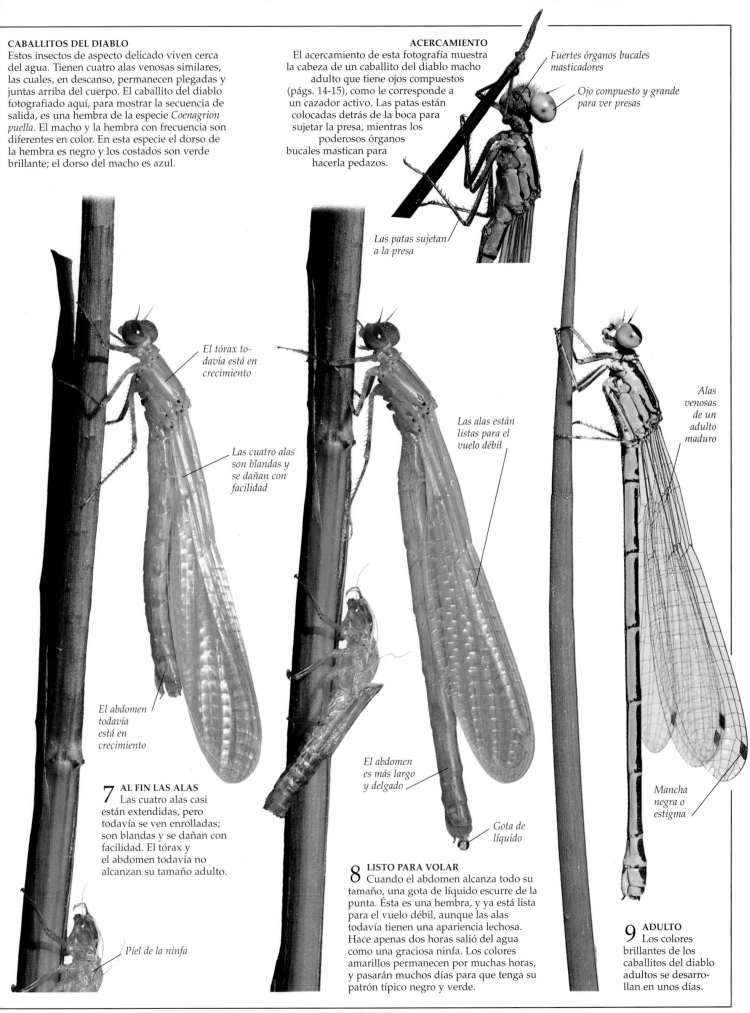

CABALLITOS DEL DIABLO

Estos insectos de aspecto delicado viven cerca del agua. Tienen cuatro alas venosas similares, las cuales, en descanso, permanecen plegadas y juntas arriba del cuerpo. El caballito del diablo fotografiado aquí, para mostrar la secuencia de salida, es una hembra de la especie *Coenagrion puella*. El macho y la hembra con frecuencia son diferentes en color. En esta especie el dorso de la hembra es negro y los costados son verde brillante; el dorso del macho es azul.

ACERCAMIENTO

El acercamiento de esta fotografía muestra la cabeza de un caballito del diablo macho adulto que tiene ojos compuestos (págs. 14-15), como le corresponde a un cazador activo. Las patas están colocadas detrás de la boca para sujetar la presa, mientras los poderosos órganos bucales mastican para hacerla pedazos.

Fuertes órganos bucales masticadores

Ojo compuesto y grande para ver presas

Las patas sujetan a la presa

El tórax to-davía está en crecimiento

Las cuatro alas son blandas y se dañan con facilidad

El abdomen todavía está en crecimiento

Las alas están listas para el vuelo débil

Alas venosas de un adulto maduro

El abdomen es más largo y delgado

Gota de líquido

Mancha negra o estigma

7 AL FIN LAS ALAS
Las cuatro alas casi están extendidas, pero todavía se ven enrolladas; son blandas y se dañan con facilidad. El tórax y el abdomen todavía no alcanzan su tamaño adulto.

Piel de la ninfa

8 LISTO PARA VOLAR
Cuando el abdomen alcanza todo su tamaño, una gota de líquido escurre de la punta. Ésta es una hembra, y ya está lista para el vuelo débil, aunque las alas todavía tienen una apariencia lechosa. Hace apenas dos horas salió del agua como una graciosa ninfa. Los colores amarillos permanecen por muchas horas, y pasarán muchos días para que tenga su patrón típico negro y verde.

9 ADULTO
Los colores brillantes de los caballitos del diablo adultos se desarro-llan en unos días.

Los escarabajos

Existen al menos 300,000 tipos de escarabajos que viven en todas partes: cimas nevadas, desiertos abrasadores o charcas fangosas (págs. 48-49). Los escarabajos comen plantas y animales, vivos o muertos, y son alimento de pájaros, lagartijas y mamíferos pequeños. Aunque pueden ser plagas para las cosechas y devoran el alimento, son necesarios para la naturaleza por comer plantas y animales muertos que regresan a la tierra como nutrientes. Los escarabajos pasan por una metamorfosis completa (págs. 24-25). Sus huevos se incuban en larvas, a las que alimentan, y crecen varios años antes de ser pupas y convertirse en adultos. Los escarabajos adultos son los insectos con más protección: sus alas anteriores duras se unen en el centro para cubrir las alas posteriores, más delicadas y útiles para volar (págs. 12-13). Hay escarabajos de todos los tamaños: desde los diminutos del fango más pequeños que la cabeza de un alfiler, hasta el Goliat gigante que mide hasta 6 pulg (15 cm) de largo.

ESCARABAJO SAGRADO
Los antiguos egipcios creían que el escarabajo rondando el estiércol simbolizaba al dios del sol Ra que hacía girar el Sol y renovaba la vida.

Escarabajo rana malayo (macho)

Doryphorella langsdorfi

VIDA DE HOJA
Estos escarabajos hoja a menudo tienen colores brillantes. El escarabajo rana malayo (*Sagra buqueti*) usa las patas largas delanteras para asir a la hembra en el apareamiento. Las especies de América del Sur (*Doryphorella langsdorfi*) viven en hojas y se alimentan de ellas.

Patas posteriores parecidas a las de una rana

GOLIAT
El escarabajo Goliat de África (*Goliathus cacius*) es el más pesado del mundo y uno de los insectos voladores más grandes. Los adultos pueden medir hasta 6 pulg (15 cm) y pesar 3.4 onzas (100 g). Las larvas viven en plantas podridas; ya adultas vuelan a los árboles para comer fruta y aparearse.

Escarabajo Goliat

Pelos para atacar a depredadores

Por su color (de piedra preciosa), el gorgojo se oculta en las hojas verdes y brillantes

Lamprocyphus augustus

Brachycerus fascicularis

Especie *Pachyrhynchus*

Boca

Eupholus beccarii

Eupholus linnei

GORGOJOS
Los gorgojos son escarabajos cuyo hocico o pico tiene uñitas mordedoras en la punta; la mayoría come hojas. Algunos pueden ser de colores brillantes y otros son velludos, tal vez para evitar un ataque de los depredadores. Los tres escarabajos medianos de las Filipinas posiblemente imitan a las arañas (pág. 46).

CIERVO VOLANTE
Las mandíbulas poderosas de este macho ciervo negro y brillante (*Mesotopus tarandus*) de África tal vez son usadas para pelear (págs. 22-23).

Ciervo volante

Escarabajo de tierra

Patas largas para correr

Escarabajo tigre

ESCARABAJO DARWIN
Se dice que este ciervo volante macho (*Chiasognathus granti*) mordió al naturalista Charles Darwin en Brasil durante su viaje por el mundo. El escarabajo quizá usa sus uñas espinosas y largas para amenazar o pelear contra otros machos.

Escarabajo Darwin

ESCARABAJOS ASESINOS
Los escarabajos de tierra y los muy relacionados con los escarabajos tigre, por lo general cazan y matan insectos pequeños para comérselos. Esta especie grande de África (*Athia thoracica*) no vuela; persigue por tierra a su presa. El escarabajo tigre (*Megacephala australis*) de Australia, color verde, corre y vuela en los lugares soleados.

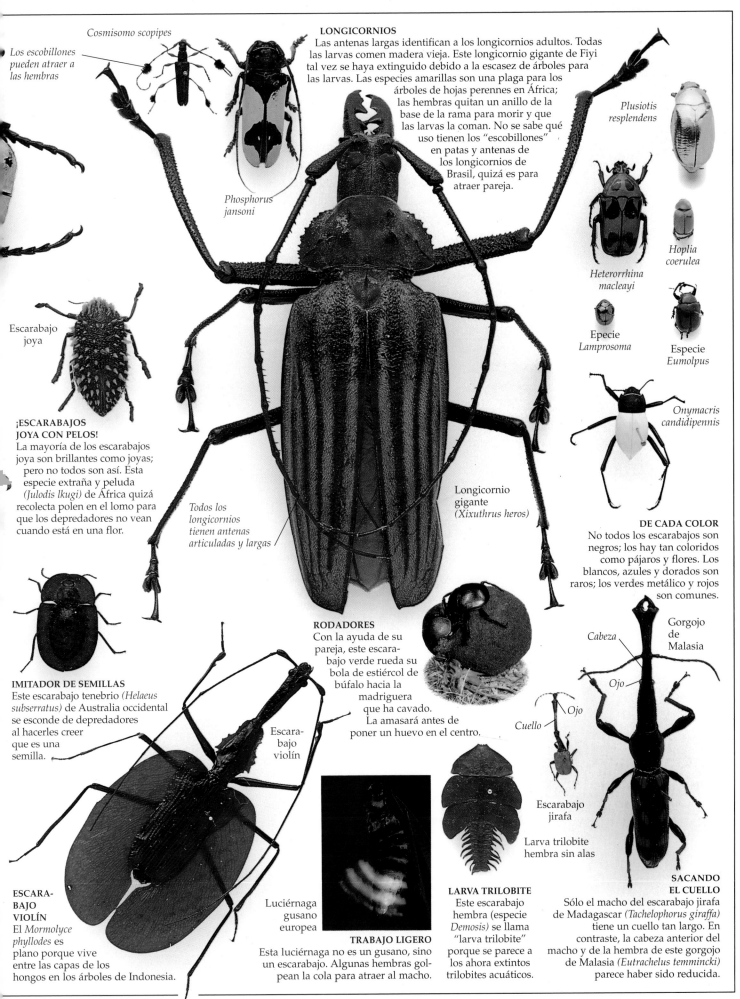

Cosmisomo scopipes

Los escobillones pueden atraer a las hembras

Phosphorus jansoni

LONGICORNIOS
Las antenas largas identifican a los longicornios adultos. Todas las larvas comen madera vieja. Este longicornio gigante de Fiyi tal vez se haya extinguido debido a la escasez de árboles para las larvas. Las especies amarillas son una plaga para los árboles de hojas perennes en África; las hembras quitan un anillo de la base de la rama para morir y que las larvas la coman. No se sabe qué uso tienen los "escobillones" en patas y antenas de los longicornios de Brasil, quizá es para atraer pareja.

Plusiotis resplendens

Heterorrhina macleayi

Hoplia coerulea

Epecie *Lamprosoma*

Especie *Eumolpus*

Escarabajo joya

¡ESCARABAJOS JOYA CON PELOS!
La mayoría de los escarabajos joya son brillantes como joyas; pero no todos son así. Esta especie extraña y peluda (*Julodis lkugi*) de África quizá recolecta polen en el lomo para que los depredadores no vean cuando está en una flor.

Todos los longicornios tienen antenas articuladas y largas

Longicornio gigante (*Xixuthrus heros*)

Onymacris candidipennis

DE CADA COLOR
No todos los escarabajos son negros; los hay tan coloridos como pájaros y flores. Los blancos, azules y dorados son raros; los verdes metálico y rojos son comunes.

Gorgojo de Malasia

Cabeza

Ojo

Ojo

Cuello

IMITADOR DE SEMILLAS
Este escarabajo tenebrio (*Helaeus subserratus*) de Australia occidental se esconde de depredadores al hacerles creer que es una semilla.

Escarabajo violín

RODADORES
Con la ayuda de su pareja, este escarabajo verde rueda su bola de estiércol de búfalo hacia la madriguera que ha cavado. La amasará antes de poner un huevo en el centro.

Escarabajo jirafa

Larva trilobite hembra sin alas

ESCARABAJO VIOLÍN
El *Mormolyce phyllodes* es plano porque vive entre las capas de los hongos en los árboles de Indonesia.

Luciérnaga gusano europea

TRABAJO LIGERO
Esta luciérnaga no es un gusano, sino un escarabajo. Algunas hembras golpean la cola para atraer al macho.

LARVA TRILOBITE
Este escarabajo hembra (especie *Demosis*) se llama "larva trilobite" porque se parece a los ahora extintos trilobites acuáticos.

SACANDO EL CUELLO
Sólo el macho del escarabajo jirafa de Madagascar (*Tachelophorus giraffa*) tiene un cuello tan largo. En contraste, la cabeza anterior del macho y de la hembra de este gorgojo de Malasia (*Eutrachelus temmincki*) parece haber sido reducida.

Las moscas

UNA MOSCA ES UN INSECTO CON DOS ALAS. Otros insectos, como las mariposas y las libélulas, son llamados moscas, pero no lo son porque tienen cuatro alas. Las moscas usan un par de estructuras, en lugar de las alas traseras (muñones), para balancear el vuelo. Poseen grandes ojos compuestos (págs. 14-15), uñas y almohadillas en los pies para caminar en cualquier superficie. Hacen acrobacias sorprendentes en el aire, como aterrizar boca arriba en el techo, volar hacia atrás y flotar en un solo lugar. Hay moscas en todo el mundo, desde las regiones polares hasta la selva ecuatorial. Algunos tipos de moscas ayudan a los humanos al polinizar las cosechas, pero muchos son plagas peligrosas que diseminan enfermedades, como malaria y la enfermedad del sueño, y transportan gérmenes. Las moscas pasan por una metamorfosis completa (págs. 24-25). Las larvas o gusanos viven en agua o en lugares húmedos, en plantas podridas y en tejido animal. Algunas especies sólo comen plantas y animales vivos.

¡FUERA MOSCAS!
Este personaje de la película *El regreso de la mosca* poco a poco se convierte en una mosca.

SIN ALAS
Esta diminuta mosca murciélago *(Penicillidia fulvida)* no tiene alas, vive en la piel de los murciélagos y se alimenta de sangre. La hembra pare una larva grande que cae al suelo y se convierte en pupa.

Típula europea

Ojo

Mosca con ojos en forma de pedúnculo

Muñones para equilibrarse

OJO POR OJO
Los ojos como pedúnculos de esta mosca macho *(Achias rothschildi)* de Nueva Guinea se usan para amenazar a otros machos con ojos más pequeños. El ojo más largo gana.

Mosca soldado

Celyphus hyacinthus

MÍMICA DE ESCARABAJOS
Esta mosca pequeña *(Celyphus hyacinthus)* de Malasia se parece mucho a un escarabajo.

PIEL VERDE
El color verde de esta mosca soldado de América del Sur *(Hedriodiscus pulcher)* se debe a un pigmento poco común en la cutícula (pág. 6) y no a la irisación, un efecto de la luz.

TÍPULAS DE PATAS LARGAS
En el mundo hay alrededor de 10,000 especies conocidas de típula, y la más grande es ésta *Holorusia* de China. La especie más pequeña *(Ctenophora ornata)* es de Europa. Los gusanos de las típulas tienen una cubierta tan dura que por eso les llaman "chaquetas de cuero". Por lo general viven en la tierra o en arroyos de fango y comen raíces de plantas. Algunas especies son plagas en las raíces del pasto.

La típula más grande del mundo

LA MOSCA MÁS GORDA
Las larvas de esta mosca de América del Sur *(Pantophtalmus bellardii)* perforan la madera viva. Se sabe muy poco de los hábitos de estos grandes adultos, y puede ser que ni siquiera alimenten a sus crías.

Mosca de estiércol

Mosca doméstica

MOSCAS QUE COMEN ESTIÉRCOL
Esta especie europea *(Scathophaga stercoraria)* se encuentra en el estiércol fresco de las vacas. La mosca doméstica *(Musca domestica)* también se cría en el estiércol, así como en carne y vegetales en descomposición. Si no se tapa la comida, la mosca doméstica pronto empezará a comer y diseminará muchas enfermedades.

MOSCA DESCONOCIDA
Esta mosca africana *(Clitodoca fenestralis)* se relaciona con la mosca ojos de pedúnculo de Nueva Guinea mostrada arriba, pero no se sabe nada de su estilo de vida. Las alas iguales y la cabeza roja tal vez sean importantes en el cortejo.

MOSCAS CANÍBALES
La hembra de este rezno *(Dermatobia hominis)* pone sus huevos en un mosquito. Cuando éste se alimenta de los humanos, los huevos eclosionan y las larvas se introducen en la piel humana donde se alimentan por seis semanas. Igual que la mosca doméstica, la moscarda *(Cynomya mortuorum)* es una plaga que come carne putrefacta y cadáveres, y disemina enfermedades.

Rezno

Moscarda

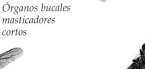

MOSCA QUE COME FLORES
Esta mosca (*Trichophthalma philippii*) de Argentina bebe a sorbos el néctar. Las larvas comen gorgojos de escarabajos vivos.

Lengua larga para sorber néctar

DE LA FUERZA NACIÓ LA DULZURA
Según el Antiguo Testamento, Sansón vio una larva de abeja en el cuerpo podrido de un león. Es casi seguro que los insectos que vio no eran abejas, sino los zánganos de las moscas amarillas y negras. Estas moscas parecen abejas, pero sus larvas y pupas viven en agua podrida, lo cual quizá engañó a los escritores antiguos haciéndoles creer que las abejas vivían en animales muertos.

COMEARAÑAS
Las larvas de esta mosca (*Lasia corvina*) comen tarántulas.

Órganos bucales masticadores cortos

PESCA CON MOSCAS
Los pescadores disfrazan los anzuelos con "moscas" falsas como ésta, hecha de plumas y cuerdas. Al flotar, esta mosca engaña a los peces haciéndoles pensar que es un insecto ahogado.

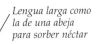

UNA DIETA VARIADA
Este tábano (*Phililoliche longirostris*) de Nepal tiene órganos bucales mordedores cortos para comer sangre, y una lengua larga para sorber néctar.

Lengua larga como la de una abeja para sorber néctar

MOSCAS TAQUINIDA
En el mundo hay miles de especies de mosca taquinida. Las larvas siempre son parásitas, es decir, se alimentan de otros insectos vivos, razón por la que a menudo son importantes en el control de plagas. Las especies color amarillo (*Paradejeeria rutiloides*) son de América, donde atacan a las orugas de las mariposas nocturnas. Las especies verde brillante (*Formosia moneta*), de Nueva Guinea, se alimentan de larvas de escarabajos.

LARVAS QUE COMEN LARVAS
La mosca abeja de África (*Ligyra venus*) come néctar, pero sus larvas comen larvas en los nidos de las avispas.

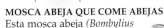

FIGURA DELGADA
Igual que las abejas, esta mosca abeja de cuerpo delgado (especie *Systropus*) de Java chupa néctar. Sus larvas comen orugas de mariposas nocturnas.

MOSCA ABEJA QUE COME ABEJAS
Esta mosca abeja (*Bombylius discolor*) europea se confunde con el abejorro que chupa néctar; pero sus larvas comen otras larvas en los nidos de las abejas solitarias.

Syrphus torvus

Volucella zonaria

MOSCAS REVOLOTEADORAS
El nombre de éstas se refiere a su habilidad de flotar en el aire casi sin moverse, para luego alejarse con un movimiento muy rápido. Muchas especies tienen rayas amarillas y negras, y se parecen a las avispas o las abejas. En Europa usan las larvas de las especies más pequeñas (*Syrphus torvus*) para eliminar pulgones de los jardines. Las larvas de *Volucella zonaria* comen desperdicios hallados bajo los nidos de las avispas.

Esta mosca ladrona (*Dioctria linearis*) está comiendo una icneumonida que capturó

Mallophora atra

Pagidolaphria flammipennis

Ala

Pata

Blepharotes splendissimus

Pegesimallus teratodes

Las patas plumeadas sirven para atraer una pareja

MOSCAS LADRONAS
Esta gran familia se llama así por su hábito de posarse en lugares adecuados para vigilar y atacar a otros insectos voladores que pasan. Pueden convertirse en una plaga alrededor de las colmenas de abejas, matándolas cuando vuelan de regreso. La especie grande y negra (*Mallophora atra*) de América del Sur tal vez imita a las abejas carpinteras (pág. 38). El notable macho con patas plumeadas (*Pegesimallus teratodes*) es de África y posiblemente las mueve para atraer pareja.

LA MOSCA MÁS GRANDE
Esta mosca mydid (*Mydas heros*) de América del Sur tal vez es la más grande del mundo. Las larvas viven en los nidos de hormigas y se alimentan de escarabajos, que buscan carroña en los desperdicios que dejan las hormigas.

Diurnas y nocturnas

Rayada como abeja

ES O NO UNA ABEJA
Esta esfinge inofensiva de Europa (*Hermaris tityus*) se confunde fácilmente con una abeja con aguijón.

LAS MARIPOSAS Y LAS MARIPOSAS NOCTURNAS forman un grupo de casi 200,000 especies. A veces es difícil distinguir una de otra, pero, en general, las primeras son coloridas y diurnas y vuelan rara vez en el ocaso; las segundas, de colores pálidos, por lo regular vuelan de noche. Las antenas de las mariposas son claviformes, no rectas o emplumadas, como las de las mariposas nocturnas; además, aquéllas descansan con las alas dobladas hacia arriba, y éstas las ponen encima de su cuerpo como un techo. Los adultos de ambas mariposas se alimentan de líquidos que succionan a través de una "probóscide" larga y enrollada. Sus alas y cuerpo están cubiertos de estrías diminutas (pelos planos y acanalados). Todas pasan por una metamorfosis completa (págs. 24-25), y las larvas u orugas son tan variadas en color y forma como los adultos.

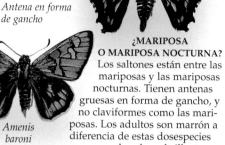

Jermadia hewitsonii

Antena en forma de gancho

Amenis baroni

¿MARIPOSA O MARIPOSA NOCTURNA?
Los saltones están entre las mariposas y las mariposas nocturnas. Tienen antenas gruesas en forma de gancho, y no claviformes como las mariposas. Los adultos son marrón a diferencia de estas dos especies peruanas de colores brillantes.

MARIPOSA NINFÁLIDA
El azul intenso y profundo de esta ninfálida (*Asterope sapphira*) se debe a la forma en que la luz se refleja en las estrías diminutas que cubren sus alas.

NOCTURNAS Y GEÓMETRAS
Las orugas de las geómetras son los gusanos medidores. Los adultos de muchas especies, como esta gran belleza de roble europea que vuela de noche (*Boarmia robararia*), se camuflan de verde pálido o marrón claro. Los colores brillantes de la *Milionia welskei*, de Asia sudoriental, sugieren que es una mariposa nada sabrosa para los pájaros.

Antenas emplumadas

¡NO ME COMAS!
En los insectos, una combinación de rojo, amarillo y negro a menudo es una señal de que son venenosos. Los pájaros tal vez evitan esta zygaenida diurna (*Campylotes desgodinsi*) de Asia sudoriental a causa de sus colores.

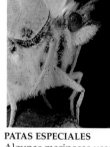

PATAS ESPECIALES
Algunas mariposas usan las patas delanteras para limpiarse los ojos, y no para caminar.

MARIPOSA NOCTURNA
Esta mariposa nocturna (*Mormo maura*) de Europa vuela en la noche. En el día sus alas parduscas la ocultan en los árboles cuando descansa.

Antena pinnada y filiforme

Manchas oculares

EXTREMO DE LA COLA
Quizá las manchas oculares de las alas de esta mariposa luna nocturna (*Argema mimosae*) alejan a los depredadores de su delicado cuerpo. Además, la larga cola se rompe cuando es atacada. En la luz, el verde se desvanece rápidamente. Se dice que los zulú usaban los capullos plateados de esta especie africana para adornar sus tobillos.

Mariposa nocturna ocaso

MARIPOSA NOCTURNA URANIA
La mariposa nocturna urania sólo existe en los trópicos y a menudo se confunde con mariposas. Muchas, como la mariposa nocturna ocaso de Madagascar (*Chrysiridia ripheus*), vuelan de día; además se sabe que muchas han migrado grandes distancias. Los colores tornasol en las alas son producidos por las estrías que reflejan la luz conforme vuela. Las especies azul y blanco (*Alcides aurora*) vienen de Nueva Guinea y tienen alas traseras en forma de abanico.

Alcides aurora

Las alas posteriores parecen abanicos

La larga cola se rompe si es atrapada

ALAS DE MARIPOSA
Al posarse, éstas doblan sus alas
y las juntan arriba del dorso.

Lado inferior

Lado
superior

¡LA LLEGADA DE LA 89!
Estas dos mariposas 89 de América del Sur *(Diaethria marchalii)* son
idénticas; la de la izquierda muestra el lado inferior de la derecha.
Un pájaro que persigue las manchas azules de las alas las perderá
de vista tan pronto la mariposa se pose y doble las alas.

*Estrías de
perfume*

PERFUME PARA LA DAMA
Esta colorida mariposa de
América del Sur *(Agrias
claudina sardanapalus)* come
fruta podrida. Los machos
tienen estrías perfumadas
amarillo brillante dentro
del ala trasera, que les
ayudan a atraer hembras.

*Cuando
hay muy
pocas estrías
las alas son
claras*

PERSONAJE TRANSPARENTE
Hay mariposas y mariposas nocturnas, como esta
especie de América del Sur *(Cithaeris esmeralda)*, cuyas
alas transparentes
las hacen
presa difícil.

PUPAS
Cuando
una oruga ha
comido suficiente
se convierte en
pupa. El adulto
sale tan pronto
como ésta se abre.

EN PELIGRO
La destrucción de los bosques
en Indonesia amenaza extinguir
a la mariposa cristal cola de
golondrina *(Papilio karna carnatus)*
(pág. 63).

ORUGAS
Los huevos de mariposas
y mariposas nocturnas se
incuban en orugas.

*La cola desvía la
atención de los
depreda-dores
de la cabeza
de la mariposa*

MARIPOSAS COLA DE GOLONDRINA
La mariposa cola de golondrina, una de las
más bellas del mundo, se llama así por las alas posteriores
peculiarmente extendidas que a menudo parecen más bien
una cola ahorquillada de una golondrina. Debido a las alas
posteriores claviformes poco comunes, esta mariposa con
cola claviforme *(Pachliopta coon coon)* vuela al azar y por lo
regular es difícil atraparla.

Mariposa
ala de
pájaro
macho

Abdomen

MARCAS METÁLICAS
Hay mariposas con
motas metálicas en las
alas. Las seis colas de la
especie *Helicopis cupido*
pueden confundir a los
depredadores.

*Mota
metálica*

MÁS VALE ROJA QUE MUERTA
El rojo profundo de esta mariposa
planeadora *(Cymothoe coccinata)* tal vez
sea difícil de distinguir en el bosque
tropical de África occidental. El lado
inferior es café como una hoja muerta.

**MARIPOSAS ALAS
DE PÁJARO**
El nombre de esta especie
(Ornithoptera croesus) se refiere a
los colores dorados del macho. La
hembra es una de las mariposas más
grandes del mundo y pasa la mayor
parte de su vida en lo alto de los
árboles. El futuro de muchas alas de
pájaro está amenazado por la tala paaulatina
de los bosques en el que viven (pág. 63).

Mariposa
alas de
pájaro
hembra

Las chinches

ASESINOS SILBADORES
Las chinches asesinas, como esta especie (*Rhinocoris alluaudi*), pueden producir un silbido al tallar el tubo que comen contra una estructura en forma de vena debajo del cuerpo.

LAS CHINCHES, TAMBIÉN CONOCIDAS COMO "BICHOS" en gran parte del mundo hispanohablante, son cualquier insecto rastrero. Pero las chinches son un grupo especial con un tubo largo y articulado para comer, adaptado para perforar y succionar. Entre las chinches hay coríxidos y tejedores (págs. 48-49), que succionan los jugos de otros insectos en las charcas; pulgones que succionan sangre de las chinches, y chinches asesinas, que diseminan enfermedades entre los humanos. Las alas anteriores de muchas son duras, con cuernos en la base y puntas delgadas superpuestas que protegen las alas posteriores membranosas y frágiles. Muchas que succionan plantas tienen alas anteriores membranosas. Todas las chinches pasan por una metamorfosis incompleta (págs. 26-29); los pequeños son muy parecidos a sus padres, sólo que son más reducidos y sin alas.

¡QUIÉN NECESITA A LOS HOMBRES!
Hay áfidos, como el de arriba, que siendo jóvenes paren y pueden reproducirse por "partenogénesis" (sin machos).

Locris adulto

LLUVIA DE SALIVA *(ar., i.)*
Este saltamontes adulto africano (especie *Locris*) produce tanta espuma en los árboles donde vive que ésta cae al suelo como si fuera lluvia.

PERLAS DE TIERRA
Hay chinches sin alas y rara vez parecen insectos. Estas "perlas de tierra" de piel dura comen raíces de plantas.

ES ESPUMOSO
La espuma de la "saliva de las chinches" es producida por los jóvenes que comen plantas para que éstas no se sequen y tal vez para evitar que se los coman.

SALTAMONTES HOJA
Este saltamontes hoja (*Graphocephala fennahi*) come hojas de rododendro. Otras especies de saltamontes por lo general de color verde dañan las hojas de las plantas, entre ellas las rosas y las plantas de algodón.

Perlas de tierra (*Margarodes formicarum*)

Insectos cóccido (*Coccus hesperidum*)

PURA SAVIA
Las hembras sin alas del piojo harinoso, el insecto cóccido y la perla de tierra son poco más que "bolsas" succionadoras de savia.

Piojo harinoso (*Planococcus citri*)

Chinches de la cama (ampliadas)

PESTES NOCTURNAS
La chinche de la cama (*Cimex lectularius*) pertenece a una pequeña familia de sanguijuelas. La mayoría viven en perchas y y nidos de murciélagos y pájaros. Se alimentan de sangre, aunque pueden sobrevivir a la inanición por varios meses. Se reproducen más rápido en condiciones cálidas como las casas con habitaciones calientes.

Chinche de la cama (tamaño natural)

Las patas espinosas pueden servir para pelear

CORO DE CIGARRAS
Las cigarras, como esta especie de la India (*Angamiana aetherea*), han sido famosas por los cantos de los machos para atraer a las hembras. Las ninfas (págs. 26-27) viven bajo la tierra, succionando savia de las raíces. En América del Norte una especie tarda 17 años en convertirse en adulto. Poblaciones enteras de adultos salen al mismo tiempo, escalando árboles y cantando durante semanas.

Thasus acutangulus

Ojo

Las patas anteriores aprietan fuerte a las criaturas acuáticas pequeñas

Ceratocoris horni

Las espinas impiden el ataque de los pájaros

Hemikyptha marginata

CHINCHES HERBÍVORAS
A menudo es un misterio el motivo de las formas extrañas y la variedad de muchos de las chinches que comen plantas. Algunos tienen patas poco comunes en forma de espina (*Thasus acutangulus*) (d.); formas caprichosas (*Hemikyptha marginata*), o cuernos extraños (*Ceratocoris horni*).

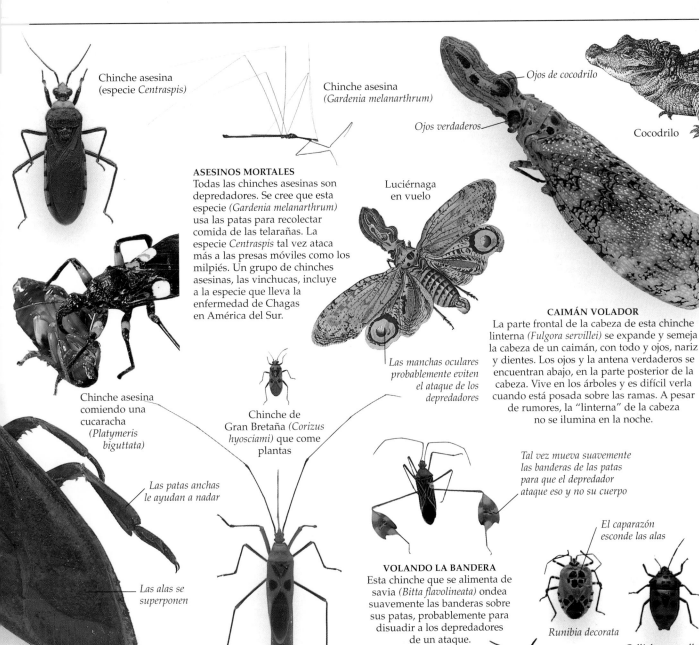

Chinche asesina
(especie *Centraspis*)

Chinche asesina
(Gardenia melanarthrum)

Ojos de cocodrilo

Ojos verdaderos

Cocodrilo

ASESINOS MORTALES
Todas las chinches asesinas son depredadores. Se cree que esta especie *(Gardenia melanarthrum)* usa las patas para recolectar comida de las telarañas. La especie *Centraspis* tal vez ataca más a las presas móviles como los milpiés. Un grupo de chinches asesinas, las vinchucas, incluye a la especie que lleva la enfermedad de Chagas en América del Sur.

Luciérnaga
en vuelo

Las manchas oculares
probablemente eviten
el ataque de los
depredadores

CAIMÁN VOLADOR
La parte frontal de la cabeza de esta chinche linterna *(Fulgora servillei)* se expande y semeja la cabeza de un caimán, con todo y ojos, nariz y dientes. Los ojos y la antena verdaderos se encuentran abajo, en la parte posterior de la cabeza. Vive en los árboles y es difícil verla cuando está posada sobre las ramas. A pesar de rumores, la "linterna" de la cabeza no se ilumina en la noche.

Chinche asesina
comiendo una
cucaracha
*(Platymeris
biguttata)*

Chinche de
Gran Bretaña *(Corizus
hyosciami)* que come
plantas

Las patas anchas
le ayudan a nadar

Tal vez mueva suavemente
las banderas de las patas
para que el depredador
ataque eso y no su cuerpo

El caparazón
esconde las alas

Las alas se
superponen

VOLANDO LA BANDERA
Esta chinche que se alimenta de savia *(Bitta flavolineata)* ondea suavemente las banderas sobre sus patas, probablemente para disuadir a los depredadores de un ataque.

Runibia decorata

Calliphara excellens

CHINCHES ACUÁTICAS SABROSAS
Las chinches acuáticas gigantes *(Letrocerus grandis)* o mordedores de dedos son comunes en el trópico. Viven bajo el agua y comen caracoles, ranas y peces pequeños. Son importados especialmente a California para dar sabor a algunos platos chinos.

ALIMENTACIÓN TUBULAR
El tubo por el que come una chinche apunta hacia atrás debajo del cuerpo, pero en este espécimen puntiagudo *(Lohita grandis)* apunta hacia el frente y le facilita la vista. Esta come semillas de algodón e hibisco.

Chinche con
caparazón adulto
(Pycanum rubens)

Las chinches
jóvenes con
caparazón
parecen adul-
tos diminutos

*Chrysocoris
sellatus*

PROTEGIENDO A LOS JÓVENES
Las chinches con caparazón varían en color, forma y tamaño. En algunas especies la hembra protege sus huevos y a los jóvenes sentándose encima o con ellos. Muchas especies tienen colores brillantes como estas dos (ar.), en que las alas se ocultan bajo el enorme caparazón que cubre la parte posterior del cuerpo.

COLORES BRILLANTES
Muchas chinches tienen alas posteriores de colores brillantes y cabezas curiosas, como esta especie de Centro América *(Phrictus quinquepartitus)* y la chinche linterna que se muestra arriba. Probablemente el color brilla para asustar a los depredadores (pág. 47).

CAMBIO DE DIETA
Las frágiles chinches del hongo, como esta especie parecida a una mariposa nocturna *(Derbe longitudinalis)*, tienen un estilo de vida curioso. Los jóvenes comen h ongos y los adultos pueden ser plaga.

Los dibujos y las formas de las chinches con caparazón se parecen a los escudos de tribus africanas, como éste de los masai.

Avispas, abejas y hormigas

LAS AVISPAS, LAS ABEJAS, LAS HORMIGAS y sus parientes comprenden uno de los grupos más grandes de insectos. Hoy existen casi 200,000 especies conocidas, y se siguen descubriendo muchas más. Las moscas de sierra, todas las avispas, abejas y hormigas son fáciles de reconocer por la "cintura" angosta. En muchas avispas y abejas hembras, el aparato para poner huevos u oviscapto está modificado como un aguijón que usan para defensa propia (págs. 46-47). Varias especies de avispas, abejas y hormigas son insectos "sociales", es decir, muchos de ellos viven cuidando comunalmente la progenie en un nido construido por ellos mismos (págs. 52-55). Desde el principio los humanos han mantenido a las abejas por la miel (págs. 58-59), pero en comparación se sabe muy poco de las avispas, a pesar de su importancia. Muchas avispas matan las larvas y orugas de los insectos que dañan y destruyen las cosechas. Abejas y avispas son polinizadores importantes que aseguran el logro de las cosechas de frutas y verduras.

Macho

AVISPAS DE ÁRBOL
En el verano, las avispas obreras de árbol (*Dolichovespula sylvestris*) ayudan a los campesinos matando orugas para alimentar a sus larvas. En otoño, cuando ya no hay más larvas, se vuelven plagas caseras que buscan alimentos azucarados.

Reina

Obrera

Los insectos con aguijón envenenan a la víctima con una herida

CINTURA DE AVISPA

A finales del siglo XIX la "cintura de avispa" diminuta estaba en la cima de la moda.

Cintura de avispa

AGUIJÓN
Ésta es una fotografía amplificada de un aguijón, que es una modificación del oviscapto de muchas abejas y avispas.

Avispón

AVISPONES
El avispón (*Vespa crabro*) es la avispa más grande de Europa con un desagradable aguijón. Igual que las avispas de árbol, la reina hiberna y empieza su nido en primavera. Sus primeros huevos se incuban en las obreras hembra, que amplían el nido y proveen comida a las larvas y a la misma reina, dedicada por completo a producir huevos. La reina siguiente producirá los machos.

AVISPAS QUE MATAN ARAÑAS
La esfinge tarántula (*Pepsis heros*) es la avispa más grande del mundo. La avispa hembra captura una araña grande y la paraliza con el aguijón. Entonces pone un huevo en el cuerpo inmovilizado mientras todavía está vivo, y lo empuja a una pequeña madriguera. Cuando el huevo se incuba, la larva ya tiene provisiones de carne fresca de araña para alimentarse.

Abeja parásita

ABEJA PARÁSITA
La mayoría de las abejas no son sociales ni construyen panales grandes como la abeja mielera (págs. 58-59). Esta especie grande azul (*Aglae caerulea*) es un parásito y pone sus huevos en las celdillas de las abejas orquídea (ar.). La larva se come a la larva de la abeja y su comida.

Abejas orquídea

PRODUCTORAS DE PERFUME
Las abejas orquídea de América del Sur se llaman así por los machos que recolectan de las orquídeas una sustancia que vuelven perfume para atraer a las hembras.

Euglossa assarophora

Euglossa intersecta

LA ABEJA MÁS GRANDE
Esta abeja carpintera asiática (*Xylocopa laticeps*) es la más grande del mundo. Hace panales en la madera podrida. A menudo los machos defienden su territorio zumbando alrededor de los intrusos.

ABEJORROS
Igual que las abejas productoras de miel, los abejorros son insectos sociales y viven en grupos. Se encuentran en toda la parte norte templada del mundo. Este abejorro de montaña (*Bombus monticola*) hace su panal en la tierra, a menudo cerca de los arbustos de arándanos.

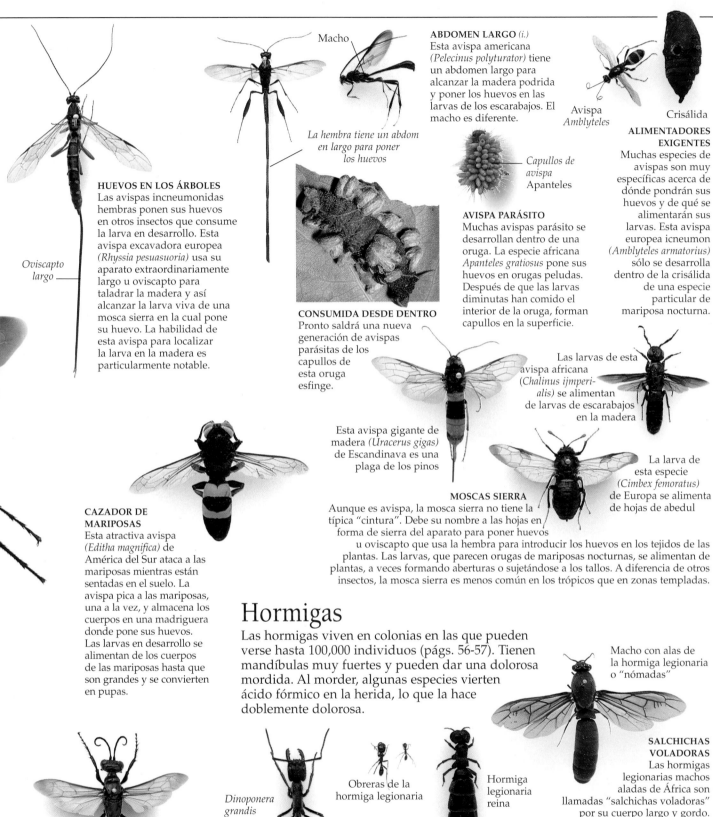

HUEVOS EN LOS ÁRBOLES
Las avispas incneumonidas hembras ponen sus huevos en otros insectos que consume la larva en desarrollo. Esta avispa excavadora europea *(Rhyssia pesuasuoria)* usa su aparato extraordinariamente largo u oviscapto para taladrar la madera y así alcanzar la larva viva de una mosca sierra en la cual pone su huevo. La habilidad de esta avispa para localizar la larva en la madera es particularmente notable.

Oviscapto largo

Macho

La hembra tiene un abdom en largo para poner los huevos

ABDOMEN LARGO *(i.)*
Esta avispa americana *(Pelecinus polyturator)* tiene un abdomen largo para alcanzar la madera podrida y poner los huevos en las larvas de los escarabajos. El macho es diferente.

Avispa *Amblyteles*

Crisálida

ALIMENTADORES EXIGENTES
Muchas especies de avispas son muy específicas acerca de dónde pondrán sus huevos y de qué se alimentarán sus larvas. Esta avispa europea icneumon *(Amblyteles armatorius)* sólo se desarrolla dentro de la crisálida de una especie particular de mariposa nocturna.

Capullos de avispa Apanteles

AVISPA PARÁSITO
Muchas avispas parásito se desarrollan dentro de una oruga. La especie africana *Apanteles gratiosus* pone sus huevos en orugas peludas. Después de que las larvas diminutas han comido el interior de la oruga, forman capullos en la superficie.

CONSUMIDA DESDE DENTRO
Pronto saldrá una nueva generación de avispas parásitas de los capullos de esta oruga esfinge.

Las larvas de esta avispa africana *(Chalinus ijmperialis)* se alimentan de larvas de escarabajos en la madera

Esta avispa gigante de madera *(Uracerus gigas)* de Escandinava es una plaga de los pinos

La larva de esta especie *(Cimbex femoratus)* de Europa se alimenta de hojas de abedul

MOSCAS SIERRA
Aunque es avispa, la mosca sierra no tiene la típica "cintura". Debe su nombre a las hojas en forma de sierra del aparato para poner huevos u oviscapto que usa la hembra para introducir los huevos en los tejidos de las plantas. Las larvas, que parecen orugas de mariposas nocturnas, se alimentan de plantas, a veces formando aberturas o sujetándose a los tallos. A diferencia de otros insectos, la mosca sierra es menos común en los trópicos que en zonas templadas.

CAZADOR DE MARIPOSAS
Esta atractiva avispa *(Editha magnifica)* de América del Sur ataca a las mariposas mientras están sentadas en el suelo. La avispa pica a las mariposas, una a la vez, y almacena los cuerpos en una madriguera donde pone sus huevos. Las larvas en desarrollo se alimentan de los cuerpos de las mariposas hasta que son grandes y se convierten en pupas.

Hormigas

Las hormigas viven en colonias en las que pueden verse hasta 100,000 individuos (págs. 56-57). Tienen mandíbulas muy fuertes y pueden dar una dolorosa mordida. Al morder, algunas especies vierten ácido fórmico en la herida, lo que la hace doblemente dolorosa.

Macho con alas de la hormiga legionaria o "nómadas"

SALCHICHAS VOLADORAS
Las hormigas legionarias machos aladas de África son llamadas "salchichas voladoras" por su cuerpo largo y gordo.

Dinoponera grandis

Obreras de la hormiga legionaria

Hormiga legionaria reina

HORMIGAS LEGIONARIAS
Estas hormigas legionarias africanas *(Dorylus nigricans)* forman colonias grandes, pero no tienen nidos permanentes. Se establecen en campos temporales mientras la reina pone los huevos; luego se mudan con las larvas en desarrollo. Periódicamente las hormigas se dispersan y comen todo a su paso.

LA MÁS GRANDE
Las hormigas dinoponera de América del Sur tienen las obreras másgrandes, viven en colonias pequeñas y son cazadoras solitarias.

AVISPAS CAZADORAS
Esta avispa brillante *(Chlorion lobatum)* de la India y Borneo atrapa y pica grillos en sus madrigueras o en el suelo. El huevo de la avispa se incuba y la larva se alimenta del cuerpo del grillo.

Las hormigas se comunican por el tacto y el olfato

Otros insectos

Hay cinco grupos principales de insectos: escarabajos, chinches, moscas, avispas (incluidas hormigas y abejas), y mariposas y mariposas nocturnas. Estos grupos incluyen cerca de tres cuartos de todas las especies de insectos. Sin embargo, hay al menos otros 15 grupos, pero más pequeños. Varios son mostrados aquí: cucarachas, tijeretas, hormigas león, libélulas, mantis, saltamontes e insectos palo. También hay otros grupos de especies más pequeñas. Los más comunes son: piojos de los libros, que viven en paquetes de comida seca; trips, que a menudo son pestes de flores; piojos masticadores, que se alimentan de pájaros, y pulgas y piojos succionadores, que molestan a personas y animales.

PEPE GRILLO
¡Pepe Grillo, la figura animada de Walt Disney, debe ser el único grillo en el mundo con cuatro patas!

INSECTO WETA DE LA ISLA STEPHENS
Excepto en algunas cuantas islas, estos grillos grandes, alguna vez comunes en Nueva Zelanda, ahora están casi extintos.

Insecto weta de la isla Stephens (*Deinacrida rugosa*)

Eurycantha calcarata de Papúa Nueva Guinea

Antena

Pata delgada y articulada

PALOS VIVOS
Los insectos palo pueden ser verdes o marrón, y por lo regular son largos y delgados, con patas y antenas finas. En el día evaden el ataque de los depredadores colgándose, casi sin moverse, en arbustos y árboles donde parecen ramas (pág. 45). En la noche se mueven más y comen hojas. Los machos de muchas especies tienen alas; es raro que las hembras tengan.

Ala

Anchiale maculata, de Nueva Guinea

Las patas delanteras sujetadoras hacen que el insecto se vea como si estuviera rezando

Mantis religiosa de África (*Sibylla pretiosa*)

REZANDO POR COMIDA
Las mantis religiosas son delgadas como los insectos palo. Muchas especies se camuflan en los verdes brillantes o cafés apagados (pág. 45). Comen otros insectos que atrapan con sus patas delanteras..

Espinas en las patas que lo protegen de los ataques

Las fuertes patas posteriores permiten a las pulgas brincar grandes distancias

Pulgas

PULGAS
Las pulgas adultas chupan sangre; cada tipo de pulga prefiere la sangre de un tipo de animal o ave. Una pulga animal sólo atacará al hombre si está muy hambrienta. Las larvas blancas de la pulga no se alimentan de sangre, pero viven en la podredumbre de los nidos y en las alfombras. A menudo los adultos sobreviven sin alimento por mucho tiempo, pero tan pronto lo encuentren, lo devorarán.

Los colores ayudan a encubrir al grillo en las ramas de liquen

TÉCNICAS DE CANTO
El saltamontes macho produce sonidos que atraen a la hembra al frotar sus patas posteriores contra las fuertes alas anteriores. Este saltamontes verde pálido africano (*Physemacris variolosa*) ha expandido su abdomen para usarlo como un tambor resonador. Por el contrario, los grillos, como esta especie de Malasia (*Trachyzulpha fruhstorferi*), "cantan" al frotar las dos patas anteriores (pág. 12).

Abdomen expandido del saltamontes que sirve como un tambor resonador

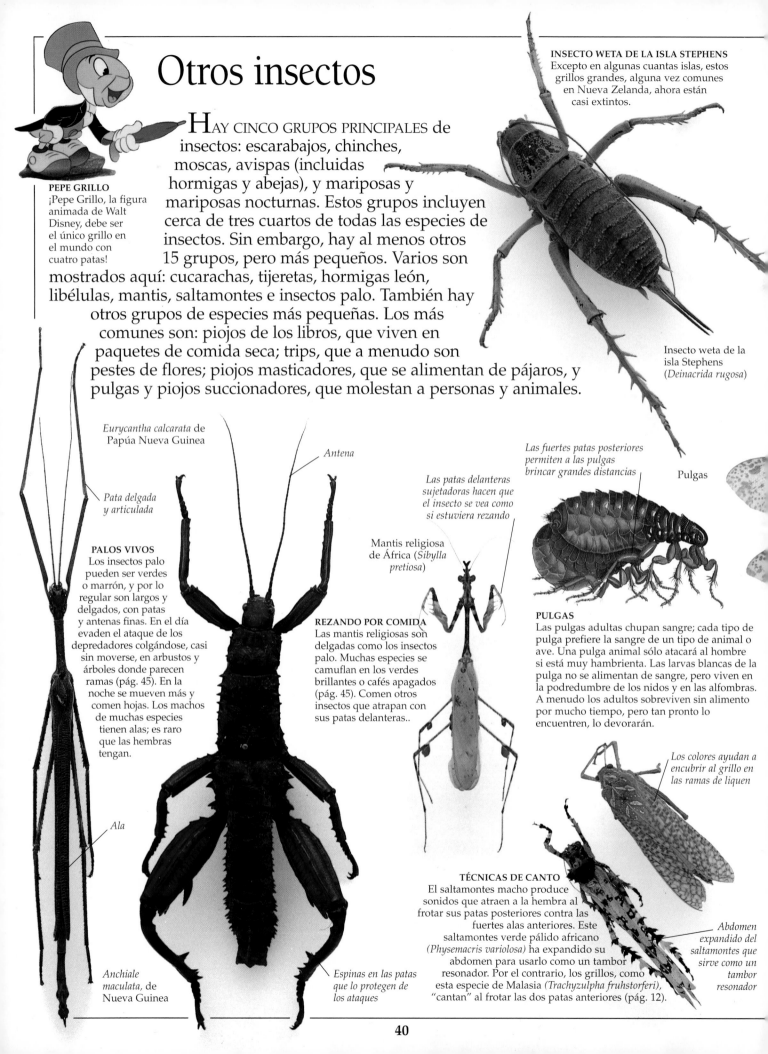

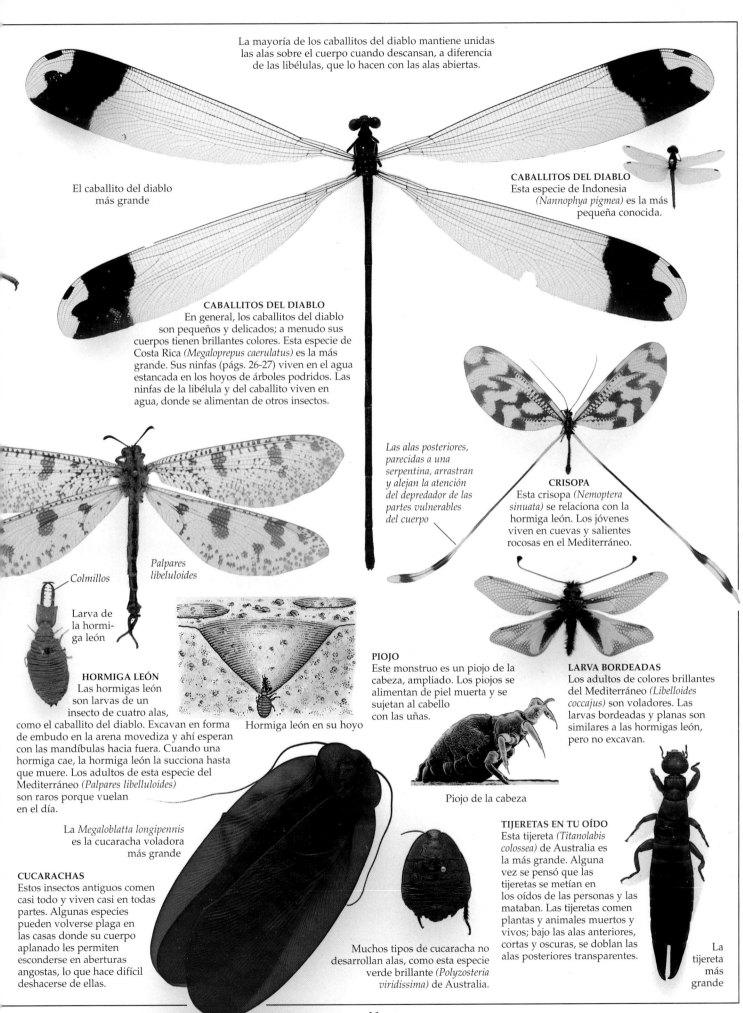

La mayoría de los caballitos del diablo mantiene unidas las alas sobre el cuerpo cuando descansan, a diferencia de las libélulas, que lo hacen con las alas abiertas.

El caballito del diablo más grande

CABALLITOS DEL DIABLO
Esta especie de Indonesia (*Nannophya pigmea*) es la más pequeña conocida.

CABALLITOS DEL DIABLO
En general, los caballitos del diablo son pequeños y delicados; a menudo sus cuerpos tienen brillantes colores. Esta especie de Costa Rica (*Megaloprepus caerulatus*) es la más grande. Sus ninfas (págs. 26-27) viven en el agua estancada en los hoyos de árboles podridos. Las ninfas de la libélula y del caballito viven en agua, donde se alimentan de otros insectos.

Las alas posteriores, parecidas a una serpentina, arrastran y alejan la atención del depredador de las partes vulnerables del cuerpo

CRISOPA
Esta crisopa (*Nemoptera sinuata*) se relaciona con la hormiga león. Los jóvenes viven en cuevas y salientes rocosas en el Mediterráneo.

Colmillos

Palpares libeluloides

Larva de la hormiga león

HORMIGA LEÓN
Las hormigas león son larvas de un insecto de cuatro alas, como el caballito del diablo. Excavan en forma de embudo en la arena movediza y ahí esperan con las mandíbulas hacia fuera. Cuando una hormiga cae, la hormiga león la succiona hasta que muere. Los adultos de esta especie del Mediterráneo (*Palpares libelluloides*) son raros porque vuelan en el día.

Hormiga león en su hoyo

PIOJO
Este monstruo es un piojo de la cabeza, ampliado. Los piojos se alimentan de piel muerta y se sujetan al cabello con las uñas.

LARVA BORDEADAS
Los adultos de colores brillantes del Mediterráneo (*Libelloides coccajus*) son voladores. Las larvas bordeadas y planas son similares a las hormigas león, pero no excavan.

Piojo de la cabeza

La *Megaloblatta longipennis* es la cucaracha voladora más grande

CUCARACHAS
Estos insectos antiguos comen casi todo y viven casi en todas partes. Algunas especies pueden volverse plaga en las casas donde su cuerpo aplanado les permiten esconderse en aberturas angostas, lo que hace difícil deshacerse de ellas.

TIJERETAS EN TU OÍDO
Esta tijereta (*Titanolabis colossea*) de Australia es la más grande. Alguna vez se pensó que las tijeretas se metían en los oídos de las personas y las mataban. Las tijeretas comen plantas y animales muertos y vivos; bajo las alas anteriores, cortas y oscuras, se doblan las alas posteriores transparentes.

Muchos tipos de cucaracha no desarrollan alas, como esta especie verde brillante (*Polyzosteria viridissima*) de Australia.

La tijereta más grande

La necesidad de plantas

En los bosques carboníferos que cubrieron la Tierra hace 300 millones de años, había pocas clases de insectos. Las libélulas volaban en las zonas pantanosas (págs. 48-49) pero las mariposas, las chinches y los escarabajos apenas habían evolucionado como las plantas florales y los árboles que ahora son tan comunes. La evolución de las flores y la creciente variedad de plantas estimularon la evolución muchas especies nuevas de insectos. Algunos de éstos evolucionaron como polinizadores, otros se especializaron en la alimentación abundante en capullos y semillas, y otros más se alimentaron de hojas y frutas. El aumento en el número de plantas parece haber ido de la mano con el de especies de insectos. Igual de importante fue la evolución de todos los insectos que viven de plantas muertas, y que así restauran los nutrimentos del suelo, sin mencionar la amplia variedad de insectos depredadores que se alimentan de plantas.

Agalla hembra

Agalla macho

AGALLAS EN FORMA DE UÑA
En Australia, los árboles de eucalipto producen agallas si son alimentadas por chinches de harina (pág. 36). Esta agalla, corta y redonda, tiene cuatro cuernos. Al madurar, la agalla hembra del interior es fertilizada a través de un agujero entre los cuernos del macho que desarrolla agallas parecidas a una uña que por lo regular crecen en una agalla hembra.

FLORES
Muchas dependen de los insectos para la polinización.

Las líneas negras son gotas que produce la larva conforme se abre paso comiendo entre la superficie superior e inferior de la hoja

Túnel hecho por la larva de una mosca

MINEROS DE HOJAS
Los rastros tenues en la hoja son causados por las larvas de una especie de mosca pequeña (*Phytomuza vitalbiae*). Cada larva se alimenta del tejido entre la superficie superior e inferior de la hoja. Mientras come construye su propia mina, dejando un rastro de gotas. Estos insectos ocasionan un gran daño en las hojas verdes y con el tiempo pueden matar a una planta sana.

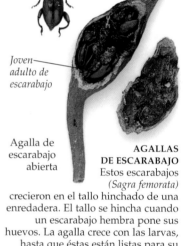

Escarabajo

Joven adulto de escarabajo

Agalla de escarabajo abierta

AGALLAS DE ESCARABAJO
Estos escarabajos (*Sagra femorata*) crecieron en el tallo hinchado de una enredadera. El tallo se hincha cuando un escarabajo hembra pone sus huevos. La agalla crece con las larvas, hasta que éstas están listas para su metamorfosis (págs. 23-34).

Hoja verde sana atacada por mineros de hojas

1 UN ABEJORRO LIMPIO
Las abejas son esenciales para las plantas porque llevan el polen de una a otra, y así aseguran la producción de las semillas, razón por la que muchas flores tienen colores brillantes y perfumes para atraer a las abejas y a otros insectos polinizadores. El abejorro, atraído por el aroma dulce de la rosa se posa para comer polen y néctar dulce.

2 EMPOLVADO CON POLEN DORADO
Mientras la abeja succiona del centro de la rosa usando su lengua larga, su abrigo peludo recoge los granos del polen de los estambres.

Granos de polen en los estambres de una flor

Las manchas amarillas son granos de polen

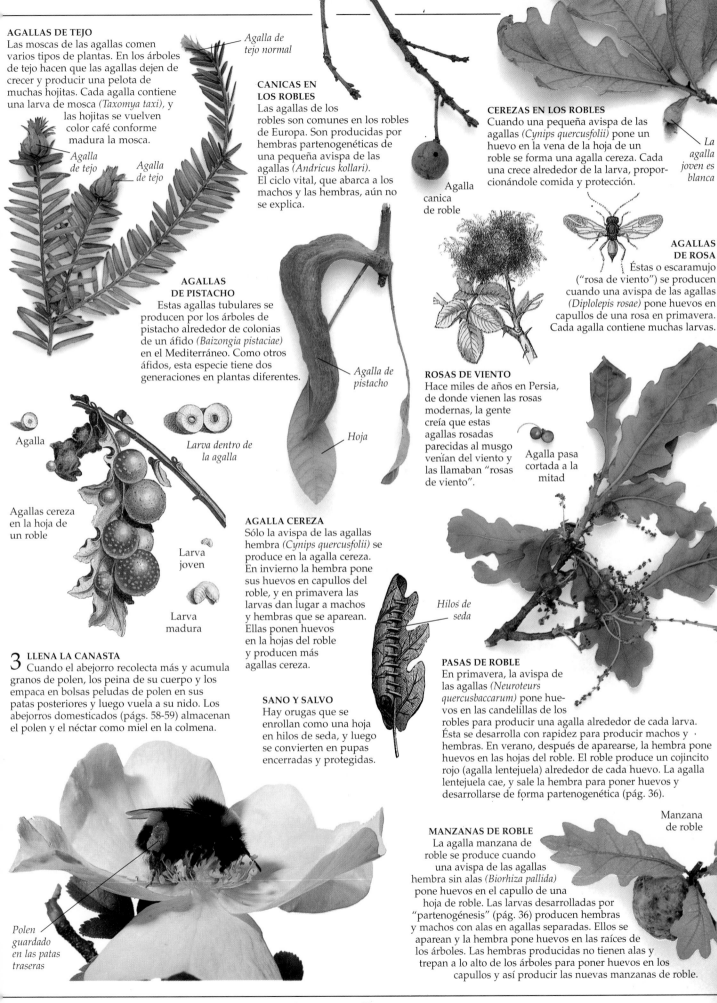

AGALLAS DE TEJO

Las moscas de las agallas comen varios tipos de plantas. En los árboles de tejo hacen que las agallas dejen de crecer y producir una pelota de muchas hojitas. Cada agalla contiene una larva de mosca *(Taxomya taxi)*, y las hojitas se vuelven color café conforme madura la mosca.

Agalla de tejo normal

Agalla de tejo

Agalla de tejo

CANICAS EN LOS ROBLES

Las agallas de los robles son comunes en los robles de Europa. Son producidas por hembras partenogenéticas de una pequeña avispa de las agallas *(Andricus kollari).* El ciclo vital, que abarca a los machos y las hembras, aún no se explica.

Agalla canica de roble

CEREZAS EN LOS ROBLES

Cuando una pequeña avispa de las agallas *(Cynips quercusfolii)* pone un huevo en la vena de la hoja de un roble se forma una agalla cereza. Cada una crece alrededor de la larva, proporcionándole comida y protección.

La agalla joven es blanca

AGALLAS DE ROSA

Éstas o escaramujo ("rosa de viento") se producen cuando una avispa de las agallas *(Diplolepis rosae)* pone huevos en capullos de una rosa en primavera. Cada agalla contiene muchas larvas.

AGALLAS DE PISTACHO

Estas agallas tubulares se producen por los árboles de pistacho alrededor de colonias de un áfido *(Baizongia pistaciae)* en el Mediterráneo. Como otros áfidos, esta especie tiene dos generaciones en plantas diferentes.

Agalla de pistacho

Hoja

ROSAS DE VIENTO

Hace miles de años en Persia, de donde vienen las rosas modernas, la gente creía que estas agallas rosadas parecidas al musgo venían del viento y las llamaban "rosas de viento".

Agalla pasa cortada a la mitad

Agalla

Larva dentro de la agalla

Agallas cereza en la hoja de un roble

Larva joven

Larva madura

3 LLENA LA CANASTA

Cuando el abejorro recolecta más y acumula granos de polen, los peina de su cuerpo y los empaca en bolsas peludas de polen en sus patas posteriores y luego vuela a su nido. Los abejorros domesticados (págs. 58-59) almacenan el polen y el néctar como miel en la colmena.

AGALLA CEREZA

Sólo la avispa de las agallas hembra *(Cynips quercusfolii)* se produce en la agalla cereza. En invierno la hembra pone sus huevos en capullos del roble, y en primavera las larvas dan lugar a machos y hembras que se aparean. Ellas ponen huevos en la hojas del roble y producen más agallas cereza.

SANO Y SALVO

Hay orugas que se enrollan como una hoja en hilos de seda, y luego se convierten en pupas encerradas y protegidas.

Hilos de seda

PASAS DE ROBLE

En primavera, la avispa de las agallas *(Neuroteurs quercusbaccarum)* pone huevos en las candelillas de los robles para producir una agalla alrededor de cada larva. Ésta se desarrolla con rapidez para producir machos y hembras. En verano, después de aparearse, la hembra pone huevos en las hojas del roble. El roble produce un cojincito rojo (agalla lentejuela) alrededor de cada huevo. La agalla lentejuela cae, y sale la hembra para poner huevos y desarrollarse de forma partenogenética (pág. 36).

Manzana de roble

MANZANAS DE ROBLE

La agalla manzana de roble se produce cuando una avispa de las agallas hembra sin alas *(Biorhiza pallida)* pone huevos en el capullo de una hoja de roble. Las larvas desarrolladas por "partenogénesis" (pág. 36) producen hembras y machos con alas en agallas separadas. Ellos se aparean y la hembra pone huevos en las raíces de los árboles. Las hembras producidas no tienen alas y trepan a lo alto de los árboles para poner huevos en los capullos y así producir las nuevas manzanas de roble.

Polen guardado en las patas traseras

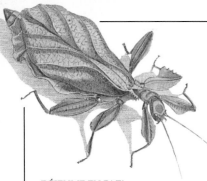

¡A disfrazarse!

Chinche plana
en un árbol

¡DÉJENME EN PAZ!
Algunos insectos palo se protegen de los depredadores semejando hojas. No sólo las alas parecen hojas, sino que las patas tienen placas aplanadas para confundirse con su contorno.

MUCHOS ANIMALES COMEN INSECTOS. Sin éstos, los murciélagos no podrían vivir y la mitad de las especies de aves en el mundo se morirían de hambre. Ranas, lagartijas y cocodrilos incluyen insectos en su dieta, al igual que musarañas, zorros y monos. Muchos insectos cazan y matan a otros para comérselos, y en algunas partes del mundo la gente, incluso, come insectos. Con la variedad de depredadores no sorprende que muchas especies de insectos hayan desarrollado colores y formas para fingir algo que no son. Hay insectos con alas de diseños y colores raros para asemejarlos a la corteza de los árboles en donde viven. Otros, como los insectos hoja y palo, se disfrazan tan bien de hojas y ramas que los depredadores los ignoran. Las aves y las lagartijas ven a un insecto camuflado no como tal, sino como la hoja que aquél imita y lo dejan en paz.

Chinche plana

CHINCHES EN LA CORTEZA DE LOS ÁRBOLES
Aunque en los trópicos hay miles de especies de chinches planas, se sabe poco acerca del estilo de vida de cualquiera de ellos. Esta especie de América Central (*Flatoides dealbatus*) se posa en la corteza de los árboles, donde los tonos marrón claro dificultan verlo. Algunas especies son transparentes o translúcidas, mientras que otras tienen parches de varios tonos de marrón y gris para ocultarse en los árboles cubiertos de liquen, donde descansan.

ESCARABAJO SOBRE LA CORTEZA
Las manchas blanquizcas en el cuerpo de este escarabajo de resorte (*Alaus specie*) lo ayuda a confundirse con las manchas de liquen sobre la corteza del árbol en Nigeria (África occidental).

HACIÉNDOSE EL MUERTO
Las hojas viejas a veces permanecen pegadas a los árboles y arbustos mucho después de que se han secado y obtenido un color pardo. Este grillo de campo (*Ommatoptera pictifolia*) de Brasil se aprovecha de esto al quedarse quieto en una rama. Aun un depredador con mejor vista es engañado y cree que es una hoja muerta, pues hasta tiene venas.

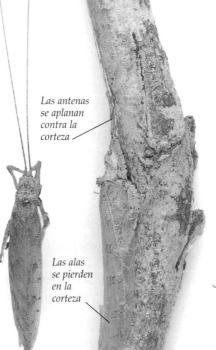

Las antenas se aplanan contra la corteza

Las venas en las alas se parecen a las de una hoja

El oviscapto tiene forma de espada

Las alas se pierden en la corteza

Las alas ligeramente colgadas confunden el contorno del insecto y lo hacen verse aún más como una hoja muerta

Las patas sostienen el cuerpo en una posición parecida a la de una hoja

IMITACIÓN DE LA CORTEZA
Este grillo de campo de tonos marrón y gris (*Sathrophyllia rugosa*) de la India se ve como un pedazo de corteza cuando se posa cerca de una ramita. Las alas del insecto se intercalan con la rugosidad de la corteza y el grillo

ROMPER CON LOS LÍMITES
Un aspecto importante del camuflaje es alterar el contorno de un objeto similar para que sea más difícil de ver. Muchos insectos, como esta mantis (*Gongylus gongylodes*), tienen placas en el cuerpo y patas que probablemente les ayudan a camuflarse de esta forma.

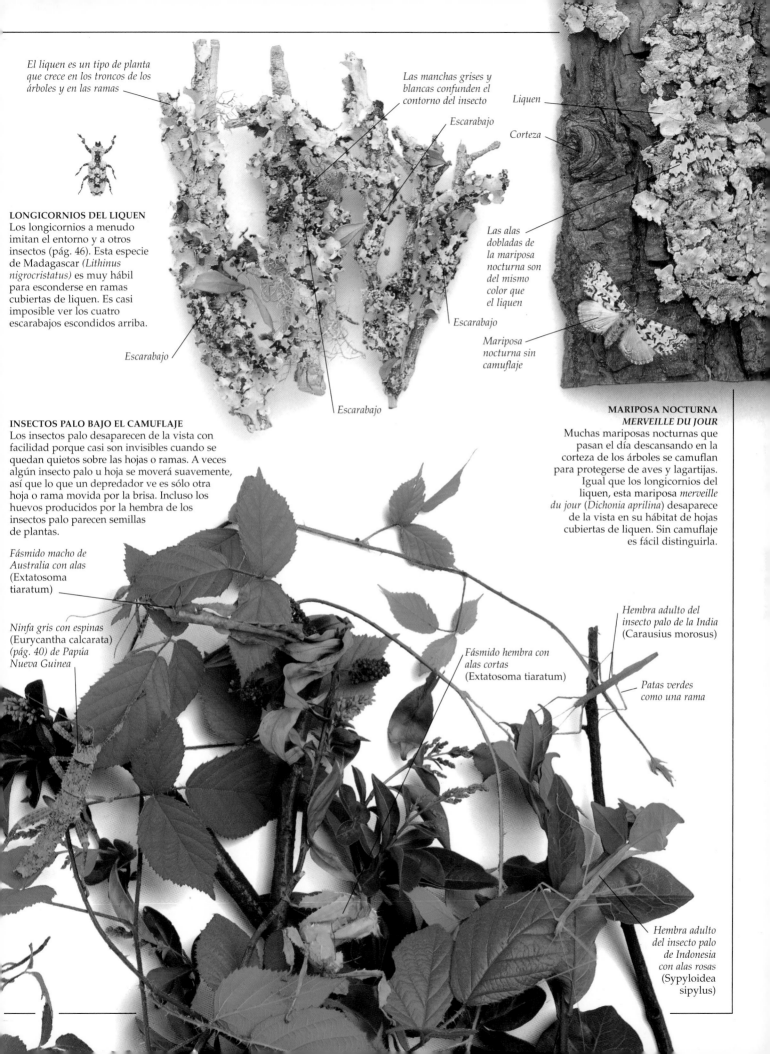

El liquen es un tipo de planta que crece en los troncos de los árboles y en las ramas

Las manchas grises y blancas confunden el contorno del insecto

Escarabajo

Liquen

Corteza

Las alas dobladas de la mariposa nocturna son del mismo color que el liquen

Escarabajo

Mariposa nocturna sin camuflaje

LONGICORNIOS DEL LIQUEN
Los longicornios a menudo imitan el entorno y a otros insectos (pág. 46). Esta especie de Madagascar *(Lithinus nigrocristatus)* es muy hábil para esconderse en ramas cubiertas de liquen. Es casi imposible ver los cuatro escarabajos escondidos arriba.

Escarabajo

Escarabajo

INSECTOS PALO BAJO EL CAMUFLAJE
Los insectos palo desaparecen de la vista con facilidad porque casi son invisibles cuando se quedan quietos sobre las hojas o ramas. A veces algún insecto palo u hoja se moverá suavemente, así que lo que un depredador ve es sólo otra hoja o rama movida por la brisa. Incluso los huevos producidos por la hembra de los insectos palo parecen semillas de plantas.

MARIPOSA NOCTURNA
MERVEILLE DU JOUR
Muchas mariposas nocturnas que pasan el día descansando en la corteza de los árboles se camuflan para protegerse de aves y lagartijas. Igual que los longicornios del liquen, esta mariposa *merveille du jour (Dichonia aprilina)* desaparece de la vista en su hábitat de hojas cubiertas de liquen. Sin camuflaje es fácil distinguirla.

Fásmido macho de Australia con alas (Extatosoma tiaratum)

Hembra adulto del insecto palo de la India (Carausius morosus)

Ninfa gris con espinas (Eurycantha calcarata) (pág. 40) de Papúa Nueva Guinea

Fásmido hembra con alas cortas (Extatosoma tiaratum)

Patas verdes como una rama

Hembra adulto del insecto palo de Indonesia con alas rosas (Sypyloidea sipylus)

Cómo evitar ser comido

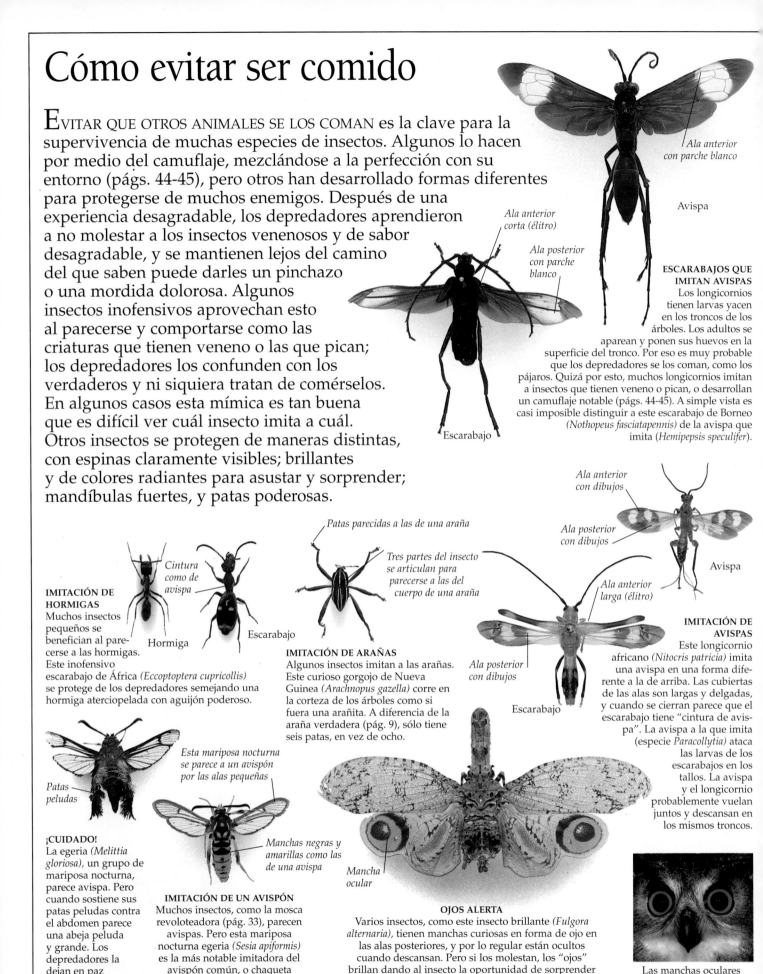

EVITAR QUE OTROS ANIMALES SE LOS COMAN es la clave para la supervivencia de muchas especies de insectos. Algunos lo hacen por medio del camuflaje, mezclándose a la perfección con su entorno (págs. 44-45), pero otros han desarrollado formas diferentes para protegerse de muchos enemigos. Después de una experiencia desagradable, los depredadores aprendieron a no molestar a los insectos venenosos y de sabor desagradable, y se mantienen lejos del camino del que saben puede darles un pinchazo o una mordida dolorosa. Algunos insectos inofensivos aprovechan esto al parecerse y comportarse como las criaturas que tienen veneno o las que pican; los depredadores los confunden con los verdaderos y ni siquiera tratan de comérselos. En algunos casos esta mímica es tan buena que es difícil ver cuál insecto imita a cuál. Otros insectos se protegen de maneras distintas, con espinas claramente visibles; brillantes y de colores radiantes para asustar y sorprender; mandíbulas fuertes, y patas poderosas.

Ala anterior con parche blanco

Avispa

ESCARABAJOS QUE IMITAN AVISPAS
Los longicornios tienen larvas yacen en los troncos de los árboles. Los adultos se aparean y ponen sus huevos en la superficie del tronco. Por eso es muy probable que los depredadores se los coman, como los pájaros. Quizá por esto, muchos longicornios imitan a insectos que tienen veneno o pican, o desarrollan un camuflaje notable (págs. 44-45). A simple vista es casi imposible distinguir a este escarabajo de Borneo (*Nothopeus fasciatapennis*) de la avispa que imita (*Hemipepsis speculifer*).

Ala anterior corta (élitro)

Ala posterior con parche blanco

Escarabajo

Ala anterior con dibujos

Ala posterior con dibujos

Avispa

Ala anterior larga (élitro)

IMITACIÓN DE AVISPAS
Este longicornio africano (*Nitocris patricia*) imita una avispa en una forma diferente a la de arriba. Las cubiertas de las alas son largas y delgadas, y cuando se cierran parece que el escarabajo tiene "cintura de avispa". La avispa a la que imita (especie *Paracollytia*) ataca las larvas de los escarabajos en los tallos. La avispa y el longicornio probablemente vuelan juntos y descansan en los mismos troncos.

Ala posterior con dibujos

Escarabajo

Patas parecidas a las de una araña

Tres partes del insecto se articulan para parecerse a las del cuerpo de una araña

IMITACIÓN DE HORMIGAS
Muchos insectos pequeños se benefician al parecerse a las hormigas. Este inofensivo escarabajo de África (*Eccoptoptera cupricollis*) se protege de los depredadores semejando una hormiga aterciopelada con aguijón poderoso.

Cintura como de avispa

Hormiga

Escarabajo

IMITACIÓN DE ARAÑAS
Algunos insectos imitan a las arañas. Este curioso gorgojo de Nueva Guinea (*Arachnopus gazella*) corre en la corteza de los árboles como si fuera una arañita. A diferencia de la araña verdadera (pág. 9), sólo tiene seis patas, en vez de ocho.

Esta mariposa nocturna se parece a un avispón por las alas pequeñas

Patas peludas

¡CUIDADO!
La egeria (*Melittia gloriosa*), un grupo de mariposa nocturna, parece avispa. Pero cuando sostiene sus patas peludas contra el abdomen parece una abeja peluda y grande. Los depredadores la dejan en paz por miedo a que los pique.

Manchas negras y amarillas como las de una avispa

IMITACIÓN DE UN AVISPÓN
Muchos insectos, como la mosca revoloteadora (pág. 33), parecen avispas. Pero esta mariposa nocturna egeria (*Sesia apiformis*) es la más notable imitadora del avispón común, o chaqueta amarilla (pág. 38), temida por su aguijón desagradable.

Mancha ocular

OJOS ALERTA
Varios insectos, como este insecto brillante (*Fulgora alternaria*), tienen manchas curiosas en forma de ojo en las alas posteriores, y por lo regular están ocultos cuando descansan. Pero si los molestan, los "ojos" brillan dando al insecto la oportunidad de sorprender y escapar del depredador. El pájaro quizá los confunde con los ojos de sus propios enemigos, como un gato.

Las manchas oculares parecen unos grandes ojos de búho

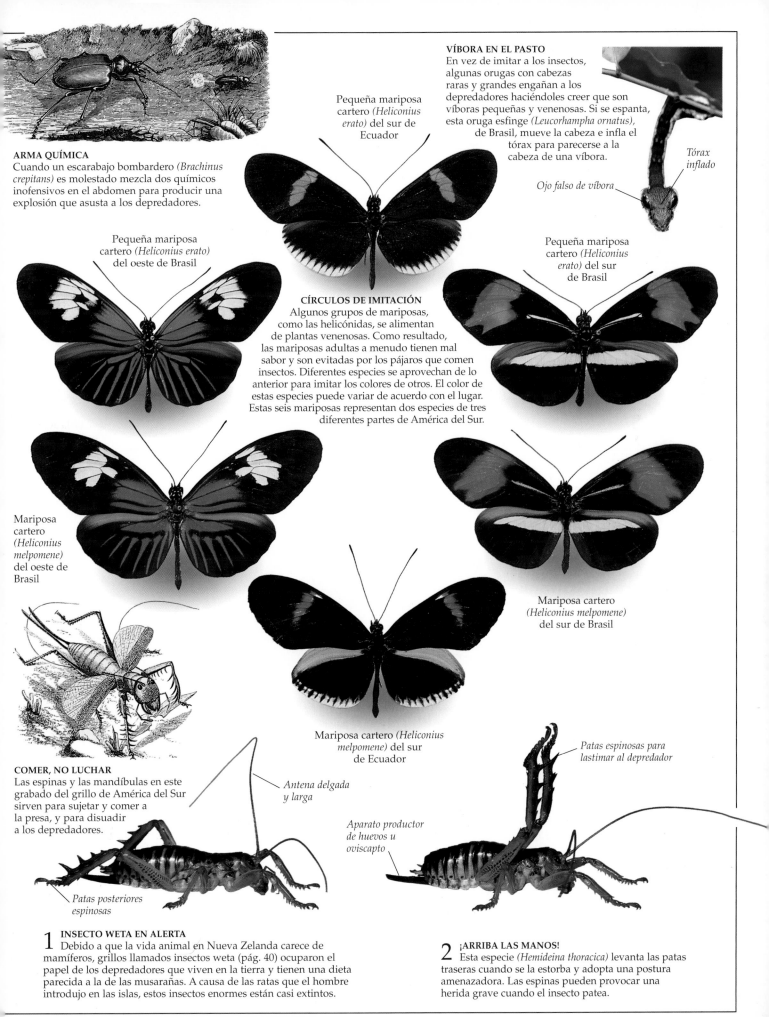

ARMA QUÍMICA
Cuando un escarabajo bombardero *(Brachinus crepitans)* es molestado mezcla dos químicos inofensivos en el abdomen para producir una explosión que asusta a los depredadores.

Pequeña mariposa cartero *(Heliconius erato)* del sur de Ecuador

VÍBORA EN EL PASTO
En vez de imitar a los insectos, algunas orugas con cabezas raras y grandes engañan a los depredadores haciéndoles creer que son víboras pequeñas y venenosas. Si se espanta, esta oruga esfinge *(Leucorhampha ornatus)*, de Brasil, mueve la cabeza e infla el tórax para parecerse a la cabeza de una víbora.

Tórax inflado

Ojo falso de víbora

Pequeña mariposa cartero *(Heliconius erato)* del oeste de Brasil

Pequeña mariposa cartero *(Heliconius erato)* del sur de Brasil

CÍRCULOS DE IMITACIÓN
Algunos grupos de mariposas, como las helicónidas, se alimentan de plantas venenosas. Como resultado, las mariposas adultas a menudo tienen mal sabor y son evitadas por los pájaros que comen insectos. Diferentes especies se aprovechan de lo anterior para imitar los colores de otros. El color de estas especies puede variar de acuerdo con el lugar. Estas seis mariposas representan dos especies de tres diferentes partes de América del Sur.

Mariposa cartero *(Heliconius melpomene)* del oeste de Brasil

Mariposa cartero *(Heliconius melpomene)* del sur de Brasil

Mariposa cartero *(Heliconius melpomene)* del sur de Ecuador

Antena delgada y larga

Aparato productor de huevos u oviscapto

Patas espinosas para lastimar al depredador

COMER, NO LUCHAR
Las espinas y las mandíbulas en este grabado del grillo de América del Sur sirven para sujetar y comer a la presa, y para disuadir a los depredadores.

Patas posteriores espinosas

1 INSECTO WETA EN ALERTA
Debido a que la vida animal en Nueva Zelanda carece de mamíferos, grillos llamados insectos weta (pág. 40) ocuparon el papel de los depredadores que viven en la tierra y tienen una dieta parecida a la de las musarañas. A causa de las ratas que el hombre introdujo en las islas, estos insectos enormes están casi extintos.

2 ¡ARRIBA LAS MANOS!
Esta especie *(Hemideina thoracica)* levanta las patas traseras cuando se le estorba y adopta una postura amenazadora. Las espinas pueden provocar una herida grave cuando el insecto patea.

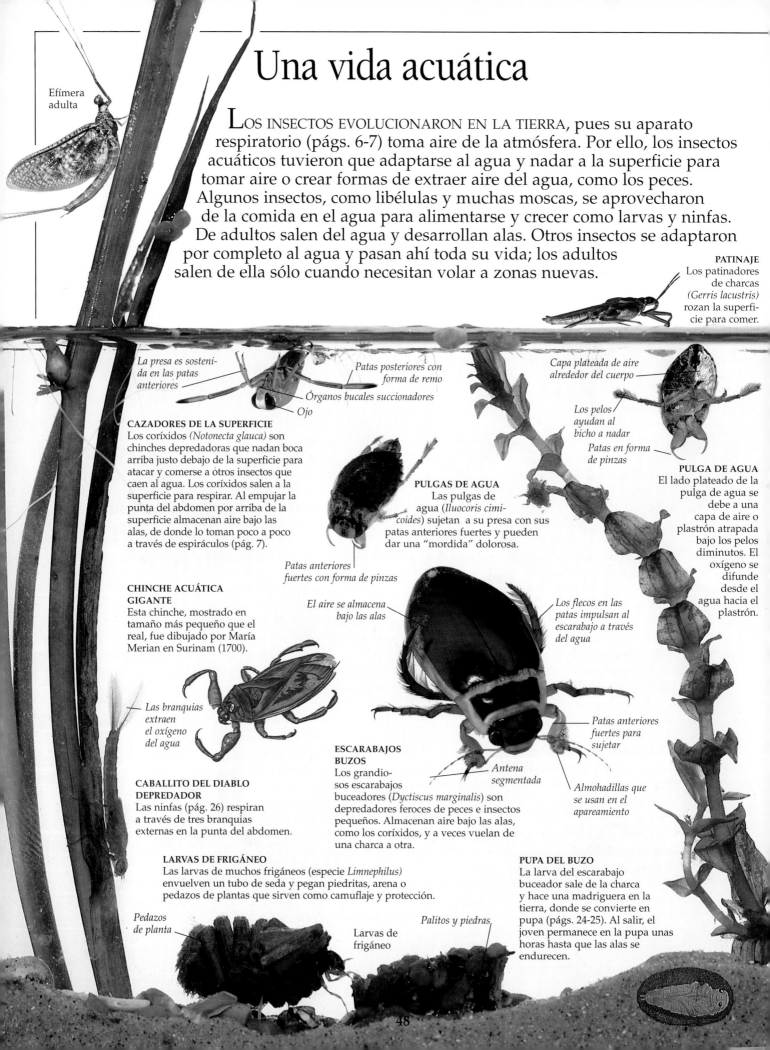

Una vida acuática

Efímera
adulta

LOS INSECTOS EVOLUCIONARON EN LA TIERRA, pues su aparato
respiratorio (págs. 6-7) toma aire de la atmósfera. Por ello, los insectos
acuáticos tuvieron que adaptarse al agua y nadar a la superficie para
tomar aire o crear formas de extraer aire del agua, como los peces.
Algunos insectos, como libélulas y muchas moscas, se aprovecharon
de la comida en el agua para alimentarse y crecer como larvas y ninfas.
De adultos salen del agua y desarrollan alas. Otros insectos se adaptaron
por completo al agua y pasan ahí toda su vida; los adultos
salen de ella sólo cuando necesitan volar a zonas nuevas.

PATINAJE
Los patinadores
de charcas
(*Gerris lacustris*)
rozan la superfi-
cie para comer.

*La presa es sosteni-
da en las patas
anteriores*

*Patas posteriores con
forma de remo*

*Capa plateada de aire
alrededor del cuerpo*

Órganos bucales succionadores

Ojo

*Los pelos
ayudan al
bicho a nadar*

*Patas en forma
de pinzas*

CAZADORES DE LA SUPERFICIE
Los coríxidos (*Notonecta glauca*) son
chinches depredadoras que nadan boca
arriba justo debajo de la superficie para
atacar y comerse a ótros insectos que
caen al agua. Los coríxidos salen a la
superficie para respirar. Al empujar la
punta del abdomen por arriba de la
superficie almacenan aire bajo las
alas, de donde lo toman poco a poco
a través de espiráculos (pág. 7).

PULGAS DE AGUA
Las pulgas de
agua (*Iluocoris cimi-
coides*) sujetan a su presa con sus
patas anteriores fuertes y pueden
dar una "mordida" dolorosa.

PULGA DE AGUA
El lado plateado de la
pulga de agua se
debe a una
capa de aire o
plastrón atrapada
bajo los pelos
diminutos. El
oxígeno se
difunde
desde el
agua hacia el
plastrón.

*Patas anteriores
fuertes con forma de pinzas*

**CHINCHE ACUÁTICA
GIGANTE**
Esta chinche, mostrado en
tamaño más pequeño que el
real, fue dibujado por María
Merian en Surinam (1700).

*El aire se almacena
bajo las alas*

*Los flecos en las
patas impulsan al
escarabajo a través
del agua*

*Las branquias
extraen
el oxígeno
del agua*

*Patas anteriores
fuertes para
sujetar*

**ESCARABAJOS
BUZOS**
Los grandio-
sos escarabajos
buceadores (*Dyticus marginalis*) son
depredadores feroces de peces e insectos
pequeños. Almacenan aire bajo las alas,
como los coríxidos, y a veces vuelan de
una charca a otra.

*Antena
segmentada*

*Almohadillas que
se usan en el
apareamiento*

**CABALLITO DEL DIABLO
DEPREDADOR**
Las ninfas (pág. 26) respiran
a través de tres branquias
externas en la punta del abdomen.

LARVAS DE FRIGÁNEO
Las larvas de muchos frigáneos (especie *Limnephilus*)
envuelven un tubo de seda y pegan piedritas, arena o
pedazos de plantas que sirven como camuflaje y protección.

PUPA DEL BUZO
La larva del escarabajo
buceador sale de la charca
y hace una madriguera en la
tierra, donde se convierte en
pupa (págs. 24-25). Al salir, el
joven permanece en la pupa unas
horas hasta que las alas se
endurecen.

*Pedazos
de planta*

Palitos y piedras

Larvas de
frigáneo

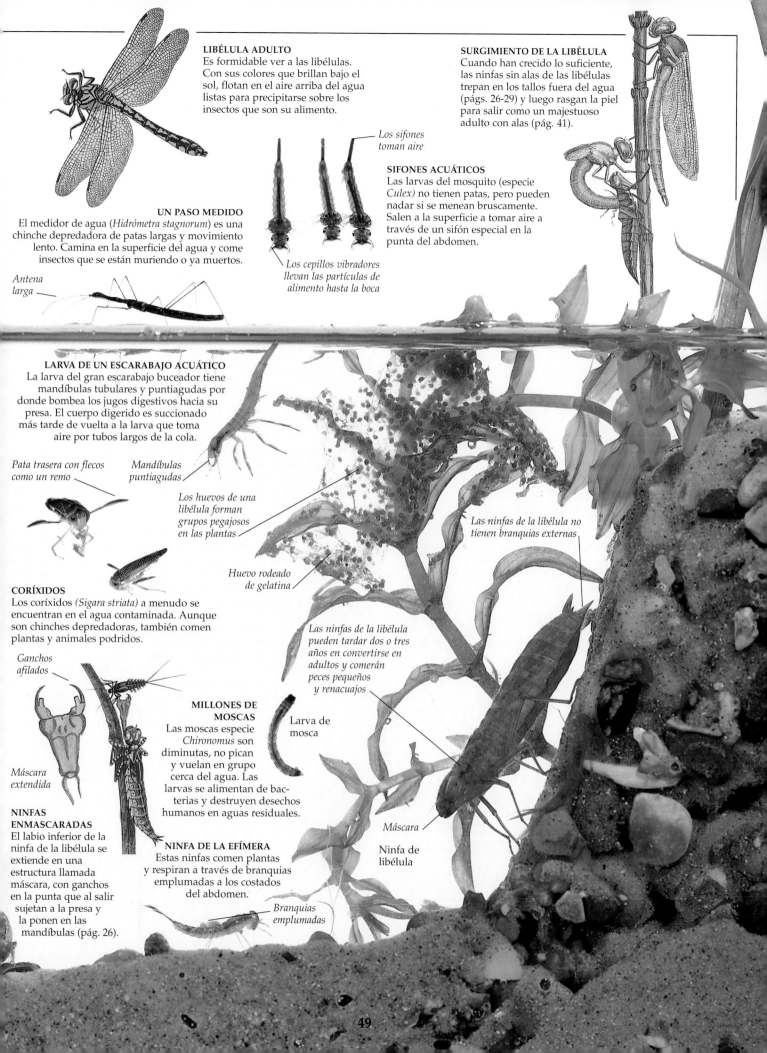

LIBÉLULA ADULTO
Es formidable ver a las libélulas. Con sus colores que brillan bajo el sol, flotan en el aire arriba del agua listas para precipitarse sobre los insectos que son su alimento.

SURGIMIENTO DE LA LIBÉLULA
Cuando han crecido lo suficiente, las ninfas sin alas de las libélulas trepan en los tallos fuera del agua (págs. 26-29) y luego rasgan la piel para salir como un majestuoso adulto con alas (pág. 41).

Los sifones toman aire

SIFONES ACUÁTICOS
Las larvas del mosquito (especie *Culex*) no tienen patas, pero pueden nadar si se menean bruscamente. Salen a la superficie a tomar aire a través de un sifón especial en la punta del abdomen.

UN PASO MEDIDO
El medidor de agua (*Hidrómetra stagnorum*) es una chinche depredadora de patas largas y movimiento lento. Camina en la superficie del agua y come insectos que se están muriendo o ya muertos.

Antena larga

Los cepillos vibradores llevan las partículas de alimento hasta la boca

LARVA DE UN ESCARABAJO ACUÁTICO
La larva del gran escarabajo buceador tiene mandíbulas tubulares y puntiagudas por donde bombea los jugos digestivos hacia su presa. El cuerpo digerido es succionado más tarde de vuelta a la larva que toma aire por tubos largos de la cola.

Pata trasera con flecos como un remo

Mandíbulas puntiagudas

Los huevos de una libélula forman grupos pegajosos en las plantas

Las ninfas de la libélula no tienen branquias externas

CORÍXIDOS
Los coríxidos (*Sigara striata*) a menudo se encuentran en el agua contaminada. Aunque son chinches depredadoras, también comen plantas y animales podridos.

Huevo rodeado de gelatina

Ganchos afilados

Las ninfas de la libélula pueden tardar dos o tres años en convertirse en adultos y comerán peces pequeños y renacuajos

MILLONES DE MOSCAS
Las moscas especie *Chironomus* son diminutas, no pican y vuelan en grupo cerca del agua. Las larvas se alimentan de bacterias y destruyen desechos humanos en aguas residuales.

Larva de mosca

Máscara extendida

NINFAS ENMASCARADAS
El labio inferior de la ninfa de la libélula se extiende en una estructura llamada máscara, con ganchos en la punta que al salir sujetan a la presa y la ponen en las mandíbulas (pág. 26).

NINFA DE LA EFÍMERA
Estas ninfas comen plantas y respiran a través de branquias emplumadas a los costados del abdomen.

Máscara

Ninfa de libélula

Branquias emplumadas

Los avisperos

LOS AVISPEROS que construyen las avispas comunes (*Vespula vulgaris*) los comienza una reina. Ella construye sobres de fibras de madera masticada donde pone los huevos. Debe criar sin riesgos sus primeros huevos para que se conviertan en las primeras obreras que ampliarán el avispero y buscarán alimento para que ella permanezca en el panal poniendo más huevos. Los avisperos nuevos siempre son construidos en primavera, excepto en Nueva Zelanda donde el invierno es "templado" para las avispas europeas que mantienen el avispero muchos años.

EL INICIO
La avispa reina común (*Vespulla vulgaris*) comienza el avispero con la construcción de una estructura de cuatro o cinco celdillas, y en el fondo de éstas pone un huevo.

1 ENVOLTURAS AISLANTES
La reina construye capas alrededor de su panal. Estas capas protegen a las larvas en desarrollo de los vientos fríos. Los avisperos de la larva común siempre se construyen con la entrada al fondo, diferentes a algunos panales de avispas tropicales (págs. 52-54).

Estructura para sujetar

La nueva capa se construye debajo y alrededor de las viejas

La reina pone un huevo en el fondo de cada celdilla

EL CUIDADO DE LOS HUEVOS
Cuando los huevos se incuban, la reina recolecta orugas como alimento para las larvas y también recoge más material para ampliar las paredes del avispero.

3 MANTENIENDO LA VIGILANCIA
La entrada del nido ahora sólo es un hoyito, lo cual facilita defenderlo de otros insectos, entre ellos otras reinas que quieran apoderarse del avispero. Mantener pequeño el hoyo también facilita el control de la temperatura y humedad alrededor de las larvas en desarrollo.

Larva en desarrollo

2 LA CASA BLANCA
Esta reina ha encontrado una fuente de material para el panal que es casi blanca. La visitará mientras alimenta a sus larvas y mastica fibras de madera, para hacer el "papel" con el que construirá el panal.

Celdillas de papel de la reina

LARVAS
Por su rica dieta de insectos y orugas masticados, las larvas crecen rápido en su celdilla. El tiempo de incubación para ser adulto varía con la temperatura y la cantidad de comida, pero por lo regular dura casi cinco semanas.

CONSTRUCCIÓN DE PAREDES
La reina usa sus antenas para medir el tamaño de las envolturas y las celdillas conforme construye el nido.

Las envolturas están hechas de fibras de madera que la reina mastica y mezcla con saliva para hacer un tipo de "papel"

La entrada del nido es pequeña, para proteger a las larvas y controlar la temperatura y la humedad

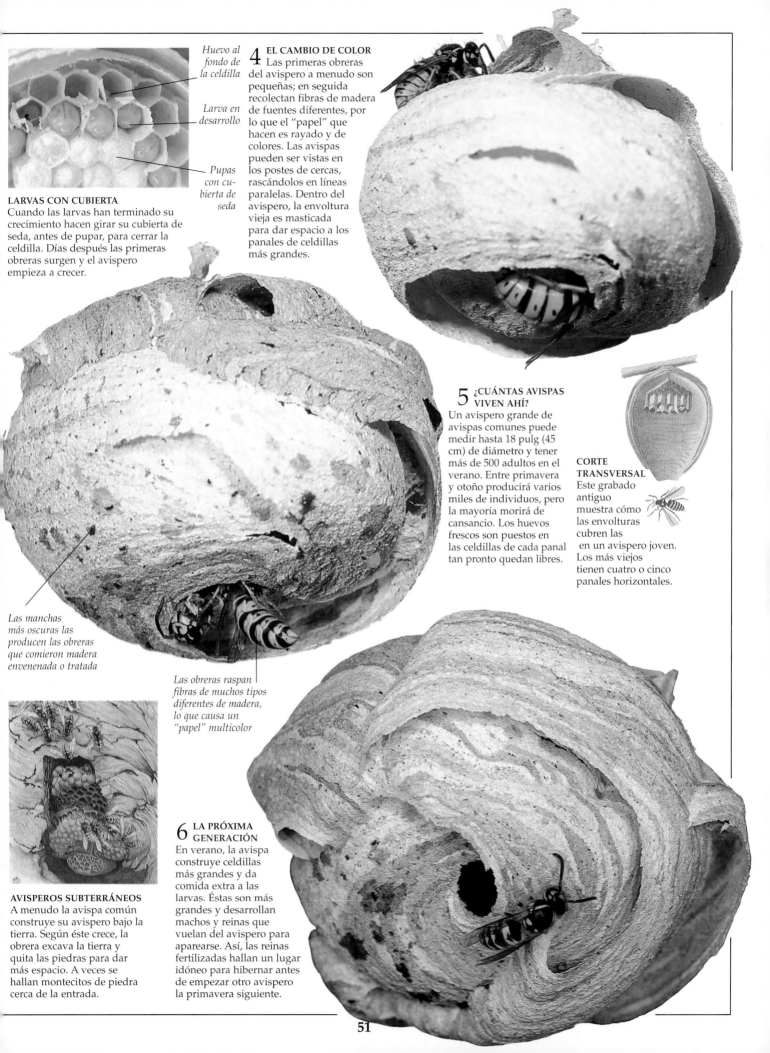

Huevo al fondo de la celdilla

Larva en desarrollo

Pupas con cubierta de seda

LARVAS CON CUBIERTA
Cuando las larvas han terminado su crecimiento hacen girar su cubierta de seda, antes de pupar, para cerrar la celdilla. Días después las primeras obreras surgen y el avispero empieza a crecer.

4 EL CAMBIO DE COLOR
Las primeras obreras del avispero a menudo son pequeñas; en seguida recolectan fibras de madera de fuentes diferentes, por lo que el "papel" que hacen es rayado y de colores. Las avispas pueden ser vistas en los postes de cercas, rascándolos en líneas paralelas. Dentro del avispero, la envoltura vieja es masticada para dar espacio a los panales de celdillas más grandes.

5 ¿CUÁNTAS AVISPAS VIVEN AHÍ?
Un avispero grande de avispas comunes puede medir hasta 18 pulg (45 cm) de diámetro y tener más de 500 adultos en el verano. Entre primavera y otoño producirá varios miles de individuos, pero la mayoría morirá de cansancio. Los huevos frescos son puestos en las celdillas de cada panal tan pronto quedan libres.

CORTE TRANSVERSAL
Este grabado antiguo muestra cómo las envolturas cubren las en un avispero joven. Los más viejos tienen cuatro o cinco panales horizontales.

Las manchas más oscuras las producen las obreras que comieron madera envenenada o tratada

Las obreras raspan fibras de muchos tipos diferentes de madera, lo que causa un "papel" multicolor

AVISPEROS SUBTERRÁNEOS
A menudo la avispa común construye su avispero bajo la tierra. Según éste crece, la obrera excava la tierra y quita las piedras para dar más espacio. A veces se hallan montecitos de piedra cerca de la entrada.

6 LA PRÓXIMA GENERACIÓN
En verano, la avispa construye celdillas más grandes y da comida extra a las larvas. Éstas son más grandes y desarrollan machos y reinas que vuelan del avispero para aparearse. Así, las reinas fertilizadas hallan un lugar idóneo para hibernar antes de empezar otro avispero la primavera siguiente.

Insectos arquitectos

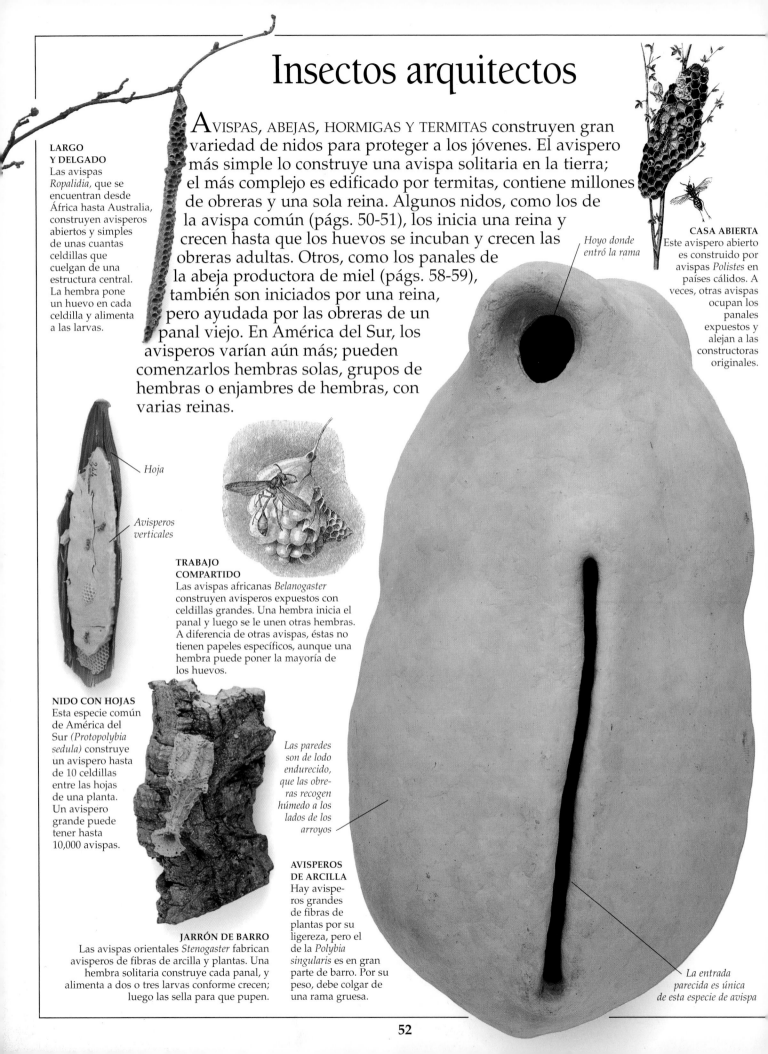

AVISPAS, ABEJAS, HORMIGAS Y TERMITAS construyen gran variedad de nidos para proteger a los jóvenes. El avispero más simple lo construye una avispa solitaria en la tierra; el más complejo es edificado por termitas, contiene millones de obreras y una sola reina. Algunos nidos, como los de la avispa común (págs. 50-51), los inicia una reina y crecen hasta que los huevos se incuban y crecen las obreras adultas. Otros, como los panales de la abeja productora de miel (págs. 58-59), también son iniciados por una reina, pero ayudada por las obreras de un panal viejo. En América del Sur, los avisperos varían aún más; pueden comenzarlos hembras solas, grupos de hembras o enjambres de hembras, con varias reinas.

LARGO Y DELGADO
Las avispas *Ropalidia*, que se encuentran desde África hasta Australia, construyen avisperos abiertos y simples de unas cuantas celdillas que cuelgan de una estructura central. La hembra pone un huevo en cada celdilla y alimenta a las larvas.

Hoja

Avisperos verticales

TRABAJO COMPARTIDO
Las avispas africanas *Belanogaster* construyen avisperos expuestos con celdillas grandes. Una hembra inicia el panal y luego se le unen otras hembras. A diferencia de otras avispas, éstas no tienen papeles específicos, aunque una hembra puede poner la mayoría de los huevos.

NIDO CON HOJAS
Esta especie común de América del Sur *(Protopolybia sedula)* construye un avispero hasta de 10 celdillas entre las hojas de una planta. Un avispero grande puede tener hasta 10,000 avispas.

JARRÓN DE BARRO
Las avispas orientales *Stenogaster* fabrican avisperos de fibras de arcilla y plantas. Una hembra solitaria construye cada panal, y alimenta a dos o tres larvas conforme crecen; luego las sella para que pupen.

Las paredes son de lodo endurecido, que las obreras recogen húmedo a los lados de los arroyos

AVISPEROS DE ARCILLA
Hay avisperos grandes de fibras de plantas por su ligereza, pero el de la *Polybia singularis* es en gran parte de barro. Por su peso, debe colgar de una rama gruesa.

Hoyo donde entró la rama

CASA ABIERTA
Este avispero abierto es construido por avispas *Polistes* en países cálidos. A veces, otras avispas ocupan los panales expuestos y alejan a las constructoras originales.

La entrada parecida es única de esta especie de avispa

CONOS DE PAPEL

Los avisperos de la avispa de América del Sur *Chartergus globiventris* con frecuencia se recolectan, pero rara vez se han estudiado en su estado natural. Los nidos cuelgan de una rama y su entrada es un agujerito al fondo. El tamaño varía desde 2 pulg (5 cm) de largo y 1.2 pulg (3 cm) de ancho hasta 3 pies (1 m) de largo y 6 pulg (15 cm) de ancho. El panal más grande contiene millares de avispas con reinas que ponen huevos. Se cree que el tamaño del nido depende del enjambre que lo construye, pero resta mucho por descubrir de las avispas.

Rama que sujeta el panal

AVISPEROS CON ESPINAS

La *Polybia scutellaris* es una avispa común en Argentina y Brasil, donde a veces construyen panales bajo los aleros de las casas. Cada avispero está hecho de fibras de planta masticada y el exterior tiene espinas duras de "papel".

Hoyo de entrada

Paredes de papel maché hechas de fibras de plantas, que recolectan y mastican las avispas adultas

El hoyo al centro de cada nivel les permite moverse a las avispas de un piso a otro

El nido está construido de fibras de plantas masticadas

Hoyo de entrada

Espinas de papel

CORTE TRANSVERSAL DE UN AVISPERO DE CARTÓN PIEDRA

Este avispero es similar al de arriba, pero se ha cortado en dos para mostrar el interior. Cada panal se construye de fibras vegetales, las cuales recolectan y mastican las avispas formando una pasta parecida al cartón piedra. Ellas ponen varias capas de celdillas para criar a los jóvenes, con un hoyo en el centro de cada capa para poder moverse con facilidad de un "piso a otro". Quizá las celdillas se agregan en el fondo y luego se cubren con una envoltura nueva.

CASAS DE ÁRBOL

Este dibujo muestra otro avispero de espinas. La entrada es diferente al de la *Polybia scutellaris* (ar.), el cual sugiere que otra especie pudo haberlo construido.

Continúa en la siguiente página

Avispero de *Polybia scutellaris*
de América del Sur

PROTECCIÓN DEL HOGAR

Esta avispa (*Apoica pallida*) construye un avispero abierto y simple con un panel de celdillas. La superficie superior está protegida por una envoltura en forma de cono hecho de fibras de plantas. En su estado natural, la superficie inferior está protegida por filas de avispas preparadas para espantar a los depredadores con ojos y antenas, y los aguijones listos para atacar.

Celdillas de crianza que contienen larvas en desarrollo

La cubierta exterior con espinas es de fibras vegetales masticadas

Entrada del nido

CASA DEL TAMBOR

Este avispero de una sola celdilla se construye contra la rama de un árbol rodeado de una envoltura de fibras vegetales masticadas. Una larva de avispa lo construye y se cree que incluye varias reinas. La avispa azul metálico (*Synoeca surinama*) se encuentra entre las avispas sociales de América del Sur más grandes con un aguijón poderoso. Vuela en silencio, pero si la molestan imita el sonido de un tambor en el interior de su panel como señal de alarma.

CONTRA EL INVIERNO

Se sabe que algunos avisperos de *Polybia scutellaris* han existido por 30 años, y que la envoltura gruesa y con espinas protege a las avispas durante los crudos inviernos en la parte sur de América del Sur.

Entrada en forma de boca

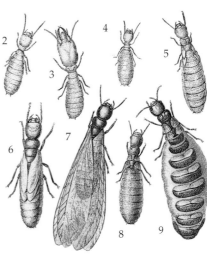

Termitas

Las sociedades de insectos más grandes y complejas son de las termitas. Los termiteros de algunas especies como la *Macrotermes bellicous* (ab.) de África occidental albergan hasta cinco millones, muchas más termitas que toda la población de Nueva Zelanda, y son construcciones extraordinariamente complejas aun con sistema de aire acondicionado. Por lo regular, los termiteros tienen una sola reina que pone los huevos y un solo rey que los fertiliza. En un termitero grande, una reina y un rey pueden vivir 15 años; la reina pondrá un huevo cada tres segundos la mayor parte de su vida. Se parece a una salchicha y vive en una cámara especial, alimentada continuamente por varias obreras. Fuera del termitero hay caminos vigilados por termitas soldado que junto con las obreras traen la comida a la colonia. A diferencia de las hormigas, estas soldados y obreras son machos y hembras, y sólo comen plantas. Algunas especies atacan a las plantas jóvenes, otras comen semillas, pero la mayoría come madera podrida o cultivos especiales de hongos.

CLASES DE TERMITAS
1) Reina de *Macrotermes*: la cabeza y el tórax son pequeños comparados con el abdomen; 2) obrera; 3) legionaria; 4) ninfa joven; 5) ninfa con alas cortas; 6) ninfa con alas largas; 7) macho; 8) hembra joven; 9) hembra que pone huevos (con alas cortadas luego del vuelo de apareamiento).

TERMITAS DE ÁRBOL
Muchas especies de termitas construyen sus nidos en los árboles y normalmente están conectados a otras partes de la misma colonia, ya sea bajo la tierra o en otros árboles. Las termitas construyen galerías de comunicación al unir partículas de tierra y techando sus caminos, o construyendo túneles en la madera o bajo la tierra. Las galerías de búsqueda del termitero de la *Macrotermes* (d.) cubren 2.5 acres (1 hectárea).

CIUDAD CON AIRE ACONDICIONADO
Este montículo construido por termitas de África occidental (*Macrotermes bellicosus*) es una chimenea de ventilación por donde sale aire caliente del nido. Bajo la torre hay una cueva de casi 9 pies (3 m) de diámetro que alberga las galerías de crianza, la celdilla de la reina y los jardines de hongos. Bajo la cueva principal hay cavidades de 32 pies (10 m) o más de profundidad de donde obtienen agua. En lo alto de la cueva hay un hoyo, el cual se hace más grande o pequeño agregando o quitando partículas de tierra, que varía la velocidad de la humedad del aire y controla la temperatura del nido.

El aire sale

Los jardines de hongos son cultivados como alimento

Celdilla de la reina, donde se producen los huevos

Entra aire

Túnel de búsqueda

Galerías de crianza, donde se ponen las larvas

DENTRO DEL TERMITERO
El termitero de la *Macrotermes subhyalinus* difiere del de su parienta la *M. bellicosus*, aunque el principio de mantener una temperatura constante en el interior es el mismo.

SOMBRILLAS MISTERIOSAS
Estudiar a los insectos suscita más preguntas que respuestas. Este termitero sombrilla de la africana *Cubitermes* es conocido. Tiene casi 18 pulg (45 cm) de altura; pero, ¿cuál es su función? Un termitero comienza oculto bajo la tierra; luego se le hacen más columnas y se agregan hasta cinco capas a cada una. Esta termita no construye celdillas para su reina.

Las paredes se construyen de bolitas de tierra endurecidas con saliva

Hormigas sociales

LAS HORMIGAS SON INSECTOS SOCIALES relacionados con las avispas y las abejas (págs. 38-39). La mayoría de las especies de hormigas viven en colonias, a menudo construyendo hormigueros complejos. Una reina inicia la construcción y pone los huevos; no hay rey. La reina con alas se aparea con un macho con alas luego de salir de la pupa, y almacena el esperma para usarlo de por vida. Después se arranca las alas e inicia un hormiguero en donde las obreras estériles sin alas llevan comida y cuidan huevos y larvas. Hay especies de hormigas solitarias y parásitas; hormigas que crían obreras de otros nidos como esclavas, y reinas "cuco" que entran en los nidos y convencen a las obreras de matar a su reina para criar a su progenie.

OSOS HORMIGUEROS
Los osos hormigueros usan sus poderosas uñas para abrir hormigueros y montículos de termitas; su trompa llega al interior.

LEVANTADORAS DE PESAS
Las hormigas levantan objetos que pesan más que ellas. Además, se apresuran a defender y reconstruir el hormiguero cuando es perturbado; pero su prioridad es mover las crías a un lugar seguro, más profundo en el hormiguero. Los objetos blancos y grandes no son huevos, sino pupas, cada una con un adulto casi maduro en el interior.

HORMIGAS DE MADERA
En los bosques, las hormigas son insectos importantes; una colonia grande recolectará miles de insectos en un día. Un hormiguero grande puede tener 100,000 hormigas con varias reinas y durar muchos años. En 1880, en Aachen, Alemania, la hormiga europea de madera se convirtió en el primer insecto protegido por las leyes de preservación de la naturaleza.

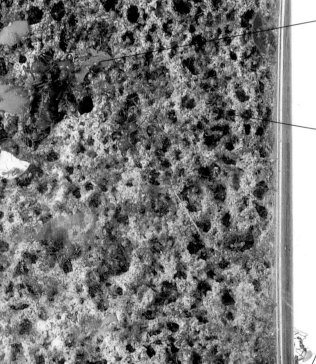

Las hojas son llevadas al interior del hormiguero donde se cortan en pedazos y se usan como base para cultivar un tipo de hongo, del cual se alimentan las hormigas

En el hormiguero cortan las hojas en pedacitos y fertilizan los jardines de hongos con su excremento

Los hongos crecen si los cuidan las hormigas; de lo contrario, mueren

Los pedazos de hoja se quedan en la entrada del hormiguero para que las hormigas jardineras los recojan y los lleven dentro

Las hormigas parasol

Los "parasoles" de este camino de hormigas cortadoras de hojas de América tropical (*Atta cephalotes*) son pedazos de hojas y flores que cada hormiga cortó y que conducen al hormiguero; ahí se cortan en pedazos más pequeños y se usan para cultivar el hongo que comen. El hormiguero por lo regular está bajo la tierra, y tiene aire acondicionado para asegurar que la temperatura y humedad sean casi constantes. Un hormiguero grande puede medir varias yardas y tener varios jardines de hongos y cámaras para las crías. Una colonia de hormigas parasol consume una cantidad enorme de hojas. En su hábitat, donde son parte del equilibrio de la naturaleza, no ocasionan problemas; pero en los cultivos, donde compiten por el alimento con los humanos, pueden ser una plaga.

Una hormiga puede cargar una hoja dos veces más grande que ella

Hormigas que vuelven de recolectar hojas

HORMIGAS CONSER-VADORAS DE MIEL

En áreas semide sérticas, diferentes especies de hormigas se han desarrollado de la misma forma que han permanecido vivas en temporada seca. Durante las lluvias, las hormigas alimentan a algunas de sus obreras con agua y néctar. Las obreras almacenan comida extra en su buche, por eso una parte de su abdomen se hincha. Durante la temporada seca y sin flores no se pueden mover, pero se cuelgan boca arriba en el hormiguero, como despensas colgantes, para uso del resto de la colonia.

COSIDA BOCA ARRIBA

Hormigas de áreas tropicales desde África hasta Australia construyen nidos en árboles "cosiendo" hojas. Una fila de obreras une dos hojas; otras más, con una larva viva de hormiga en las mandíbulas, cosen las hojas cuando las puntas se han unido con hilo de seda de las glándulas salivales de las larvas. El nido terminado (d.) es una bola de hojas. Si éste es perturbado, miles de hormigas harán ruido de alarma golpeando las hojas desde el interior. Al morder, estas hormigas echan chorros de ácido fórmico en la herida, haciéndola doblemente dolorosa.

Antena

Con la articulación en forma de bola y entrada de la antena percibe los movimientos

Ojo

Pelos sensores

Mandíbulas dentadas para comer

MANDÍBULAS Y DIETA

La forma de las mandíbulas se relaciona con la dieta. Esta hormiga asiática tiene mandíbulas con pocos dientes para comer insectos blandos y ligamaza (pág. 21). La mayoría de las hormigas son depredadores con mandíbulas largas, delgadas y puntiagudas; pero algunas comen plantas. Las cosechadoras las tienen aplastadas y sin dientes para comer semillas de pasto.

Palpos para sentir y manipular la comida

Estas hormigas parasol están buscando pedazos de hoja para cortarlos y llevárselos al hormiguero

Hormiga

Dos hormigas cortan un pedazo grande de hoja con las mandíbulas

UNA CAMINO DE HOJAS

Los caminos de hojitas verdes a menudo son muy claros durante el día por el camino que cruzan de regreso al hormiguero. Puede verse que las obreras del exterior se detienen y alientan a sus colegas de cargamento. A veces un "parasol" se cae, entonces varias hormigas se apresuran y lo levantan para que una de ellas lo lleve a casa.

Los "parasoles" de las hormigas cortadoras de hojas son pedazos de hojas y flores

OBRERAS DE BUEN CLIMA

Las hormigas parasol no recolectan hojas cuando llueve, y si comienza a llover mientras están afuera, por lo regular tiran las hojas fuera del nido. Quizá las hojas mojadas molestarían el delicado equilibrio dentro de los jardines de hongo y pondrían en peligro el suministro de comida de la colonia.

Las abejas y las colmenas

POR SIGLOS, LA GENTE HA RECOLECTADO MIEL de las colmenas de las abejas. El registro más antiguo es la pintura en una cueva de España, de hace casi 9,000 años, y muestra a una persona que está tomando miel de una colmena en un risco, una práctica llevada a cabo aún en algunas partes del mundo. La decoración de las tumbas egipcias indican que hace 2,500 años los humanos cuidaban a las abejas y que los métodos no cambiaron sino hasta hace poco. En el último siglo se ha hecho un esfuerzo para criar abejas dóciles que produzcan miel. En la colmena doméstica de hoy hay tres tipos de abejas productoras de miel *(Apis mellifera):* una reina fértil se aparea y pone hasta 1,000 huevos al día; cientos de machos (zánganos) cuya función es fertilizar a las reinas, y hasta 60,000 obreras estériles que hacen el trabajo de la colmena.

ABEJAS OCUPADAS
La colmena de paja, como ésta dibujada hace 400 años, cambió poco en miles de años. Dentro, las abejas construyen celdillas en una estructura de soporte.

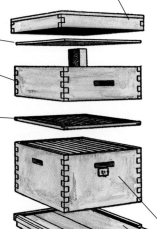

ENJAMBRES
Una colonia de abejas produce cada año pocas abejas reinas. La reina vieja y casi la mitad de las obreras se alejan del enjambre antes de que salga de la pupa la primera reina.
Las abejas del enjambre son dóciles. En el dibujo se ve cómo se guarda un enjambre en una colmena de paja. Para ser la reina suprema, la primera en salir de la colmena vieja mata a sus rivales.

MARCO DE LA COLMENA
En el marco inferior de la colmena la miel y el polen se almacenan en las celdillas superiores, y las crías se guardan en las inferiores (d.). Una abeja regresa a la colmena al hallar una fuente de néctar y realiza un curioso "baile", lo que indica a las otras abejas el sitio de la comida en relación con la posición del sol. Las abejas que buscan en campo abierto hacen una "línea" entre la colmena y el alimento, que está tan transitada como una autopista.

Celdas de los zánganos

COLMENAS MODERNAS
La moderna colmena Langstroth se inventó en 1851 en Filadelfia. A las abejas les dan panales en marcos cambiables; un conjunto inferior para la cámara de cría y uno superior (de almacenamiento) para guardar néctar y polen. Se evita que la reina ponga huevos en los panales superiores por medio del "separador de la reina".

Cubierta exterior

Cubierta interior

Cámara de almacenamiento

Separador de la reina, una reja con ranuras muy angostas para que no pase a las celdillas superiores

Cámara para las crías

Tabla del fondo con la entrada de la colmena

Las paredes son de cera que producen las obreras en hojuelas de sus glándulas entre las articulaciones de su abdomen

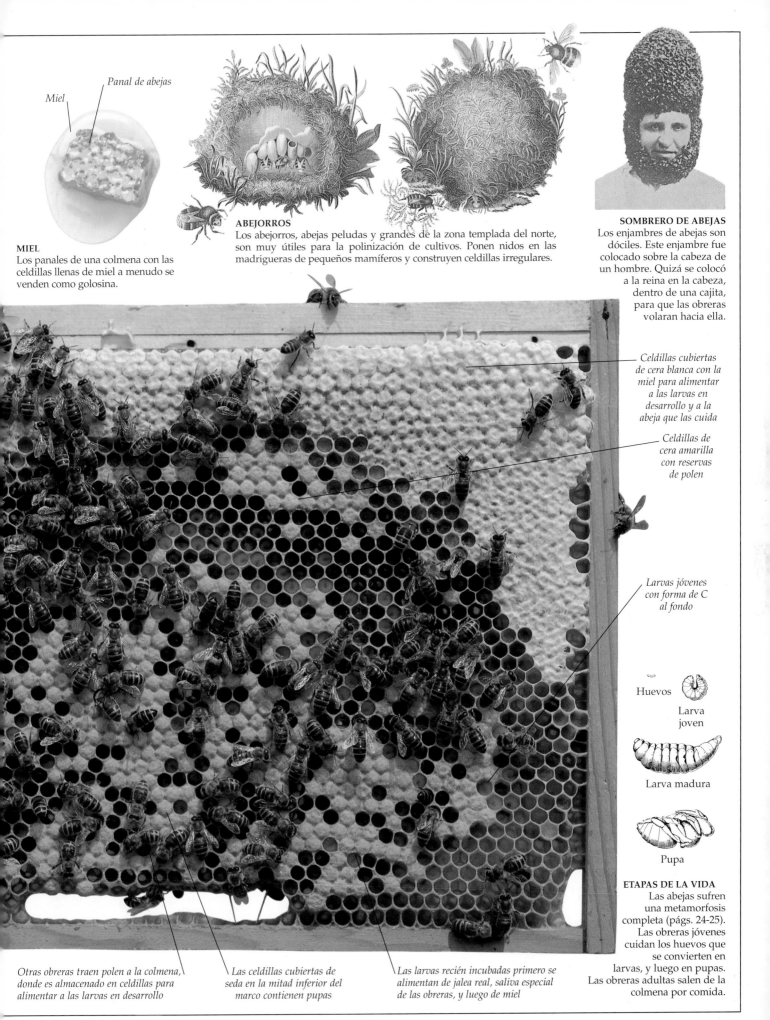

MIEL
Los panales de una colmena con las celdillas llenas de miel a menudo se venden como golosina.

Miel

Panal de abejas

ABEJORROS
Los abejorros, abejas peludas y grandes de la zona templada del norte, son muy útiles para la polinización de cultivos. Ponen nidos en las madrigueras de pequeños mamíferos y construyen celdillas irregulares.

SOMBRERO DE ABEJAS
Los enjambres de abejas son dóciles. Este enjambre fue colocado sobre la cabeza de un hombre. Quizá se colocó a la reina en la cabeza, dentro de una cajita, para que las obreras volaran hacia ella.

Celdillas cubiertas de cera blanca con la miel para alimentar a las larvas en desarrollo y a la abeja que las cuida

Celdillas de cera amarilla con reservas de polen

Larvas jóvenes con forma de C al fondo

Huevos

Larva joven

Larva madura

Pupa

ETAPAS DE LA VIDA
Las abejas sufren una metamorfosis completa (págs. 24-25). Las obreras jóvenes cuidan los huevos que se convierten en larvas, y luego en pupas. Las obreras adultas salen de la colmena por comida.

Otras obreras traen polen a la colmena, donde es almacenado en celdillas para alimentar a las larvas en desarrollo

Las celdillas cubiertas de seda en la mitad inferior del marco contienen pupas

Las larvas recién incubadas primero se alimentan de jalea real, saliva especial de las obreras, y luego de miel

Los buenos y los malos

Los insectos son esenciales para el bienestar del mundo. Abejas, moscas y mariposas ayudan a polinizar los cultivos asegurando la producción de frutas y semillas. Avispas y mariquitas acaban con orugas y áfidos que atacan las plantas. Escarabajos y moscas limpian el excremento animal y la materia en descomposición de plantas y animales, reciclando los nutrimentos para generaciones nuevas de plantas. Muchos animales dependen de los insectos para comer y varios pueblos comen orugas y larvas gordas y jugosas. Las abejas proporcionan miel y cera y las orugas de las mariposas nocturnas, seda; con los chinches se hacen colorantes para comida. Pero la gente sabe cuándo los insectos son una molestia o una amenaza. Muchos transmiten enfermedades a personas, animales y plantas, y cada año destruyen entre 10 y 15% de los alimentos en el mundo.

Cosecha de insectos cochinilla

TINTES Y MANÁ
La cochinilla es un colorante de comida rojo extraído de cuerpos triturados de los coccídeos (*Dactylopius coccus*) de México (pág. 36). Junto con la *Opuntia cacti*, de la que se alimentan, son cultivados hoy día en países calurosos y secos. El maná bíblico que nutrió a los niños de Israel se derivó tal vez de insectos similares en los árboles taray.

Colorante de cochinilla

Los escarabajos de Colorado matan las plantas de la papa

PLAGA DE COLORADO
Este escarabajo de Colorado (*Leptinotarsa decemlineata*) solía alimentarse de hojas en las Montañas Rocosas. Pero cuando los pioneros introdujeron la papa en 1850, el escarabajo desarrolló un gusto por ella. Se desplazó hacia el este de América del Norte, y arrasó un sinnúmero de cosechas debido a que se comía las hojas y los capullos. Era una plaga antes de la creación de los insecticidas.

DARDOS VENENOSOS
Las pupas de este escarabajo hoja de África (*Polyclada bohemani*) tienen un veneno poderoso y notorio. La tribu San usaba este veneno en sus flechas para cazar.

Los escarabajos reloj de la muerte reducen la estructura de la madera hasta dejarla casi como un esqueleto

PLAGAS PERIÓDICAS
Este longicornio (*Hoplocerambyx spinocorrus*) ataca a los árboles de sal muertos y podridos de la India. Las larvas cavan túneles en la madera, pero a veces la población aumenta tan rápido que los árboles vivos son atacados. La peor plaga dañó a un millón de árboles y causó graves pérdidas financieras.

ESCARABAJO DE CIGARRILLO
Fumar es nocivo para la salud. Sin embargo, los escarabajos de los cigarrillos (*Lasioderma serricorne*) no leen la advertencia, aunque los adultos no lo comen. Un método usado hace 60 años para deshacerse de los escarabajos en los sofás rellenos de pelos de caballo fue untarle gasolina, y también es peligroso, en particular si se fuma al mismo tiempo.

RELOJ DE LA MUERTE
El escarabajo reloj de la muerte (*Xestobium rufovillosum*) puede ser una plaga en la madera de las casas. En primavera, el ruido de los adultos al pegar en la madera con la cabeza para llamar al apareamiento, se ha relacionado persticiosamente con la muerte. Pero el desastre más probable es el derrumbe de la casa.

Langosta
(Shictocerca gregaria)

Ninfa

Ninfa

Las langostas tienen alas, pero las ninfas no

Adulto

ENJAMBRES ENORMES
Cuando un enjambre de langostas se reproduce sin control por pocos meses, el número de individuos puede aumentar hasta miles o incluso millones. Tal plaga se comerá todas las plantas en el área, dejando desamparada a la población humana.

GRUPOS DE LANGOSTAS
La mayor parte del tiempo las langostas son saltamontes ordinarios y solitarios. Pero a veces se vuelven gregarias, o forman grupos. La estructura del cuerpo y el comportamiento cambian y forman enjambres.

DESTRUCTORES DE CASAS
Las termitas a veces comerán la estructura de madera de las casas desde el interior, dejando en buen estado la superficie pintada. Este dintel de una puerta alguna vez midió 11 pulg (28 cm) de superficie.

INVITADOS NO DESEADOS
Dos entomólogos recuerdan una noche en Alejandría, Egipto en 1920 atrapando chinches en vez de dormir. En la mañana tenían 70 alfileres con 10 chinches en cada uno.

Gorgojos de granos

PARAÍSO DE ESCARABAJOS
El escarabajo de harina rojo óxido *(Tribolium castaneum)* es una plaga en los paquetes de harina. Las larvas de los gorgojos de granos *(Sitophilus granarius)* viven en los granos de los cereales, con los que ya no se hace harina.

Escarabajo de harina rojo óxido

Agallas de hoja en una parra norteamericana

DISEMINADORES DE ENFERMEDADES
Los mosquitos chupan sangre con órganos bucales mordedores (págs. 20-21) y transmiten a los humanos enfermedades como la fiebre amarilla y la malaria. Basta con chupar sangre contaminada de una persona para transmitir la enfermedad a otras.

Áfido adulto

Áfido adulto con alas

PLAGAS DE LA VIDA
El chanchito blanco *(Viteus vitifoliae)* es un áfido plaga (pág. 36) de las paras que llegaron a Europa de América en 1860. En 25 años destruyó 2.5 millones de acres (1 millón de hectáreas) por medio de las agallas que producía en las raíces. Su historia es complicada. En América, la parra tiene agallas en hojas y raíces, y el áfido, un ciclo de vida alternado de dos años; en Europa, la parra sólo tiene agallas en las raíces.

ESCARABAJOS ARAÑA
El adulto y la larva de este escarabajo que parece araña *(Ptinus tectus)* se alimentan de comida seca, especias y granos. almacenados.

Escarabajos araña comiendo un cubo seco de alimento

Las termitas comen las partes blandas de la madera y dejan las duras

Estudio de los insectos

INTERÉS POR LOS INSECTOS
En el siglo XIX, el interés por la historia natural se puso de moda y las colecciones privadas de insectos, plantas y minerales fueron comunes. Este dibujo es de un vivero en donde podía verse la historia de los insectos vivos.

MÁS DE TRES SIGLOS DE ESTUDIO y recolección de insectos han hecho posible la distinción entre la mayoría de las especies de insectos en Europa. Pero es imposible saber cuántas especies viven en América del Norte y otros países menos explorados. Hoy, la recolección de insectos implica entender las formas en que ellos ayudan a mantener el equilibrio en la naturaleza. ¿Cuán importantes son para polinizar flores y árboles? ¿Qué insectos se necesitan para descomponer madera y hojas muertas, y para producir nutrientes para plantas nuevas? ¿Cuántos insectos se necesitan para alimentar a otros animales? La observación de insectos también puede ser divertida. Todo lo que se necesita es paciencia y buena vista, y tal vez usar una lupa y una cámara. La observación de cómo viven estas criaturas fascinantes es una forma de aprender cómo funciona el mundo natural.

JEAN FABRE (1823-1915)
El naturalista francés Jean Henri Fabre escribió muchos libros populares acerca de la vida de los insectos.

Botella de cloroformo y tapa

Agarradero

Boquilla

Borde hermético

Espécimen colocado para su observación

Funda de piel contra el polvo

Alfiler de marfil

Lentes de latón

BOTELLA DE CLOROFORMO
Un método para matar especímenes recién capturados era verter gotas de cloroformo en la boquilla de una botella de latón.

MANGOS DE MARFIL
Antes de que se inventara el plástico, las piezas de los aparatos se hacían de latón y marfil. Estos lentes montados, en el que los especímenes se ponían a cierta altura, los usó el entomólogo inglés Edward Meyrick (1854-1938).

LENTES DE MANO
Alguna vez las lupas fueron comunes; había lentes de poco aumento y caros que ampliaban 10 ó 25 veces y a menudo se doblaban para guardarlos en el bolsillo.

Lente de poco aumento

Corcho

Insectos clavados en el corcho

LATA RECOLECTORA
Recolectores de insectos y entomólogos prendían con un alfiler los especímenes que atrapaban en latas especiales forradas de corcho, como ésta hecha en Francia.

DIARIO DE CAMPO
Los estudiantes más aventajados llevaban libros de notas detalladas de sus observaciones en los insectos vivos. Los diarios del entomólogo inglés Charles Dubois (1656-1740) incluyen notas de los insectos que vio, a veces con dibujos y comentarios acerca de su hábitat y apariencia.

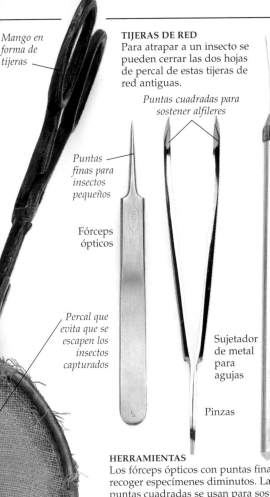

Mango en forma de tijeras

TIJERAS DE RED
Para atrapar a un insecto se pueden cerrar las dos hojas de percal de estas tijeras de red antiguas.

Puntas cuadradas para sostener alfileres

Puntas finas para insectos pequeños

Fórceps ópticos

Percal que evita que se escapen los insectos capturados

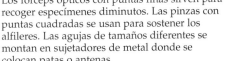

Sujetador de metal para agujas

Pinzas

HERRAMIENTAS
Los fórceps ópticos con puntas finas sirven para recoger especímenes diminutos. Las pinzas con puntas cuadradas se usan para sostener los alfileres. Las agujas de tamaños diferentes se montan en sujetadores de metal donde se colocan patas o antenas.

COLECTORES
El grupo de caballeros vestidos con pelucas y trajes del siglo XVIII fue dibujado por R. A. F. de Réaumur hacia 1740. Sus redes tienen curiosa forma de sombrero.

ETIQUETAS
El valor científico de un insecto dependía de cuánta información contenía la etiqueta que lo acompañaba (cómo, dónde y cuándo había sido recolectado, y qué comía). Estas etiquetas deben ser pequeñas, pero impresas con claridad, como las de este saltamontes hoja.

Caja vieja de alfileres

Alfileres finos para insectos

ALFILERES PARA INSECTOS
Los alfileres para insectos varían en tamaño. Los muy pequeños se pegan en papel o en portaobjetos microscópicos para su estudio.

Alfileres largos y gruesos para insectos grandes

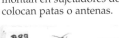

Etiquetas

Diapositiva microscópica

INSECTOS PEQUEÑOS
Muchas especies de insectos miden menos de 0.04 pulg (1 mm) de largo, muy pequeños para ser pinchados. Se recolectan en frascos de vidrio con alcohol y se estudian sobre portaobjetos microscópicos, en vidrios de reloj o en pequeñas vajillas.

Plato de vidrio con alcohol

La base de la caja está forrada con plástico blanco

CAJA PLÁSTICA MODERNA DE COLECCIÓN
Esta caja con tapa de plástico permite ver la colección sin tener que destaparla. Ésta es una colección de mariposas nocturnas atraídas a una trampa de luz en la noche.

TRAMPAS MODERNAS
La trampa Malaise atrapa muchos insectos voladores. La mayoría de los insectos trepan hasta la botella en lo alto, cuando vuelan en la pared central, aunque algunos caen al piso y se escapan.

Extinción
En los últimos años, los cambios radicales en el uso de la tierra han reducido las áreas para el hábitat natural en todo el mundo, desde el bosque o los terrenos pantanosos hasta los cultivos y las casas. Como resultado, muchas especies están desapareciendo; algunas se han extinguido antes de ser descubiertas. La tijereta de Santa Helena es un insecto muy grande que vive sólo en la isla de Santa Helena en medio del Atlántico sur, pero no se ha visto vivo desde hace años y probablemente esté extinto.

Tijereta de Santa Helena; quizá extinta

¿Sabías que…?

DATOS SORPRENDENTES

Una cucaracha puede vivir hasta nueve días sin su cabeza.

El escarabajo bombardero se defiende disparando un líquido en ebullición desde su abdomen. El gas se forma por una reacción química e irrita los ojos, actuando como una pantalla gaseosa mientras el escarabajo escapa.

El color de un piojo adulto se determina por el color del cabello de la persona en el que vive.

El nido de insectos más alto es el de una colonia de termitas africanas. Medía 42 pies (12.8 m) de altura.

Una de las especies de insectos más mortífera en la Tierra es la langosta del desierto o *Schistocerca gregaria*. El peligro no es una amenaza directa hacia los humanos, sino hacia la agricultura cuando una plaga ataca los cultivos. Esta langosta aparece después de fuertes lluvias monzónicas y devora todas las plantas del área, y a menudo provoca hambruna entre los humanos y animales locales.

Un enjambre de langostas del desierto tiene hasta 40,000 millones de miembros. Puede viajar 400 millas² (1,036 km²) y comer 40,000 toneladas de plantas al día; suficientes para alimentar a una ciudad de 400,000 habitantes por un año.

Lluvia de saltamontes

Abejas asesinas o abejas de miel africanas

Se sabe que la termita reina pone un huevo cada segundo, lo que arroja la increíble cantidad de 30 millones de huevos al año. Este índice de reproducción sólo es posible gracias a que la reina crece tanto que todo su cuerpo está lleno de ovarios.

Selección de capullos de gusanos de seda

Las abejas asesinas, uno de los insectos más mortíferos de la Tierra, no son especies naturales. Las abejas primero fueron criadas en Brasil en 1956, cuando la abeja de miel africana se cruzó con las abejas locales en un intento por aumentar la producción de miel. Pero el experimento fracasó, y la nueva raza resultó ser agresiva con tendencias a atacar a los humanos y animales. Estas abejas asesinas no tienen más veneno que las domésticas ni son más grandes, pero son diez veces más agresivas.

La esfinge puede volar a velocidades de hasta 33.3 mph (56.3 kph).

El gusano de seda (*Bombyx mori*) es la oruga de una mariposa nocturna cuyo capullo se usa para hacer seda, un hilo hecho de proteína y que se secreta de las glándulas que están a cada lado de la cabeza de la oruga. ¡Cada capullo tiene un hilo de seda que puede medir de 984 a 2,952 pies (300 a 900 m)! Para cose-charlo, se permite que el gusano de seda teja en el capullo, y luego se sumerge en agua hirviendo para matar la pupa y desenredar el hilo.

El insecto con el sentido del olfato más agudo es la mariposa luna nocturna de la India, la cual puede percibir las feromonas de una pareja desde una distancia de 6.8 millas (11 km).

Langosta joven del desierto

PREGUNTAS Y RESPUESTAS

P ¿Cuántas especies de insectos hay en total?

R Por lo menos existen un millón de especies distintas, más que todas las especies de animales y plantas juntas. Los insectos representan más del 80% de toda la vida animal de la Tierra, y de éstos, las hormigas y termitas conforman el 10%. En la clasificación de insectos, los escarabajos son el grupo más diverso, con 125 familias diferentes y 500,000 especies individuales. Se estima que hay 1,000 millones de insectos por cada ser humano.

P ¿Qué insecto puede resistir las temperaturas más elevadas?

R Los adultos y las larvas de la *Scatella thermarum* se encuentran en los manantiales calurosos de Islandia y pueden vivir en temperaturas de hasta 118°F (48°C), lo cual es demasiado caliente para que la gente pueda soportar esa temperatura.

P ¿Cuál es la mejor manera para repeler a los insectos?

R Para mantener alejados a los insectos, especialmente a los hambrientos de sangre como los mosquitos, es conveniente comer ajo, pues éste emana un olor desagradable para los insectos. Otros repelentes naturales contra insectos para untar en la piel tienen mezclas de aceite con cedro, árbol de té, lavanda o vainilla.

El ajo mantiene alejados a los insectos

P ¿Cuál es la comida favorita de un insecto?

R ¡A pesar de que hay insectos con dietas específicas, algunos no son melindrosos y se comen casi todo a su alrededor ¡como madera, grasa para zapatos y papel!

P ¿Se pueden comer los insectos?

R Mucha gente incluye insectos en su nutritiva dieta. En la fiesta anual de la mariposa nocturna, realizada por los aborígenes en las montañas Bogong de Nueva Gales del Sur, Australia se recolectan las mariposas y luego se cocinan en arena. Les quitan la cabeza y se hace una pasta con los cuerpos y se hornean como si fueran pasteles. Las mariposas nocturnas dan un contenido valioso de grasa a la dieta de los aborígenes. En otras partes comen saltamontes fritos, grillos tostados y pasta o pulpa de larvas.

P ¿Los insectos tienen cerebro?

R Sí. El cerebro de una hormiga tiene unas 250,000 células cerebrales. El cerebro humano tiene 10,000 millones, así que una colonia de 40,000 hormigas tiene en conjunto el mismo poder cerebral que un humano.

P ¿Cuál es la colonia más grande de hormigas?

R Se dice que una supercolonia de *Formica yessensis* en la costa de Japón ha sido el hogar de más de un millón de reinas y que 306 millones de obreras viven en 45,000 hormigueros interconectados bajo tierra.

Las hormigas representan el 10% de la vida animal

P ¿Qué insecto tiene el cuerpo más largo?

R Una especie de insectos palo que caminan, *Pharnacia kirbyi*, tienen el cuerpo más largo. Las hembras miden hasta 14 pulg (36 cm) de largo.

P ¿Cuál es el insecto más ruidoso?

R La cigarra africana *Brevisana brevis* produce un sonido de 106.7 decibeles sobre una distancia de 19.5 pulg (50 cm). Éste es el insecto más ruidoso que se conoce. Los cantos constituyen una parte vital de la comunicación, la defensa y la reproducción.

P ¿Cuál es el insecto más grande que ha existido?

R El insecto más grande que se conoce fue la libélula *Meganeura*. Este depredador volador vivió hace unos 250 millones de años y tenía una envergadura de 2 pies (0.6 m).

Insecto palo

P ¿Qué insecto tiene el ciclo de vida más largo?

R Las cigarras periódicas, *Magicicada septendecim*, viven cerca de 17 años. Las larvas de algunos escarabajos que comen madera pueden vivir hasta 45 años. La mosca doméstica ordinaria tiene el ciclo de vida más corto de todos: de sólo 17 días.

P ¿Cómo se puede distinguir a las hormigas de las termitas?

R Aunque las termitas pueden parecerse a las hormigas, hay varias formas de distinguirlas. Las termitas son más pequeñas, tienen antenas rectas y no tienen talle. Las hormigas son más grandes, tienen antenas en forma de codo y el cuerpo segmentado, con una cintura breve.

Récords

El que brinca más alto
• Proporcional a su tamaño, una mosca diminuta es el insecto que puede brincar más alto, lo equivalente al brinco de 24.6 pies (7.5 m) de un ser humano.

El insecto más pequeño
• El parásito *Megaphragma caribea* de la isla antillana de Guadalupe es de los insectos más pequeños, con una longitud de 0.006 de pulg (0.017 cm).

El que vuela más rápido
• En el aire, la libélula puede alcanzar una velocidad hasta de 20.5 mph (33 kph).

El que puede aletear más veces
• Una mosca diminuta puede aletear hasta 50,000 veces por minuto, comparado con 300 veces por minuto de la mariposa promedio.

El que pesa más
• El escarabajo acteón (*Megasoma acteon*) puede pesar 2.4 onzas (70 g).

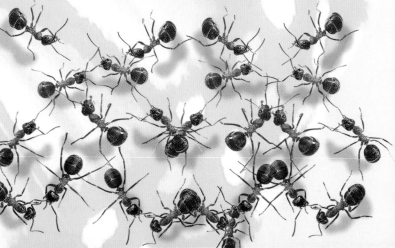

Clasificación de insectos

En el mundo existen más de un millón de especies de insectos conocidos, y algunos expertos calculan que puede haber hasta 10 millones. Aquí se ven los principales grupos de insectos.

Moscas, moscos y mosquitos
La mosca doméstica incluye casi 90,000 especies y forma parte de este grupo, igual que los succionadores de sangre como los mosquitos. Las moscas transmiten enfermedades al contaminar la comida con organismos que recogen en las patas peludas y los órganos bucales.

Mosca revoloteadora

La mosca revoloteadora se confunde con la avispa

Cucaracha voladora

Cucarachas
Existen alrededor de 5,500 especies, las cuales han vivido en la Tierra por más de 400 millones de años. Son insectos muy resistentes y pueden correr a una velocidad de 1.8 mph (3 kph). Son nocturnas y a veces se les tiene como mascotas.

Abejorro zángano

Abejas y avispas
Aunque temidas por su aguijón, abejas y avispas son insectos benéficos clave para polinizar las flores, y comen insectos más pequeños dañinos para los cultivos. Abejas y avispas son criaturas sociales que a menudo viven y trabajan en comunidades.

Chinches
En este grupo están las moscas verdes, el chinches escudo, las cigarras y los tejedores. Los chinches escudo, con 6,500 especies en el mundo, a menudo se llaman "chinches hediondas" porque producen un horrible olor emanado de las glándulas.

Chinche escudo

Piojo ladilla

Piojos
Estos parásitos sin alas infestan a humanos y animales al poner sus huevos en partes del cuerpo con pelo y se alimentan de la piel y la sangre. Hay tres tipos de piojos humanos: el piojo de la cabeza, el piojo del cuerpo y piojo ladilla.

Insecto palo

Insectos palo
Hay casi 2,500 especies de insectos palo, que en su mayoría se hallan en los trópicos. Los insectos palo pueden tener o no alas y a menudo son mascotas. Éstos se confunden perfectamente con el follaje.

Hormiga

Escarabajo negro

Escarabajos
El grupo más grande de los insectos es el de los escarabajos, con 350,000 especies. Los escarabajos son tan diversos como las luciérnagas sin alas, el gusano de madera (larvas de escarabajo), y el amigo del jardinero, el escarabajo masticador de áfidos.

Hormigas
Las hormigas se encuentran entre las especies más numerosas de insectos y se calcula que constituyen el 10% de la vida animal en la Tierra. Estos insectos sociales trabajan en colonias bajo la tierra.

Mariposa cola de golondrina

Mariposas y mariposas nocturnas
Hay más de 300,000 especies de este grupo en el mundo. Sin embargo, muchas especies de mariposas se están extinguiendo por la contaminación y deforestación.

Las mariposas usan los sensores de sus patas como sentido del gusto

MANTIS RELIGIOSAS

Hay cerca de 1,700 variedades de estas mantis. La mayoría vive en climas cálidos, y atacan abejas, escarabajos y mariposas; a veces, a ratones y pájaros pequeños. Si la hembra tiene el abdomen cargado de huevos no vuela, y puede comerse al macho después de aparearse.

Mantis religiosa

Las mantis hembras son grandes

Mosca piedra

MOSCAS PIEDRA

A estos insectos acuáticos se les llama así porque suelen descansar en las piedras. Existen cerca de 2,000 especies. Por ser los favoritos de muchos peces, como la trucha, los pescadores usan anzuelos con imitaciones de estas moscas para atraer a la presa.

Mosca escorpión

Pez plata

Pulga

PULGAS

La dieta de las pulgas consiste en sangre, que obtienen de los animales. En promedio, al día la pulga puede consumir sangre hasta 15 veces su peso. Este insecto pasa el 95% de su vida como huevo, larva o pupa, y sólo el 5% como adulto, el cual no puede sobrevivir o poner huevos si no ingiere sangre regularmente.

MOSCAS ESCORPIÓN

Este grupo consiste en sólo 400 especies, de las cuales la mayoría mide cerca de 0.8 pulg (2 cm), y pueden hallarse en todo el mundo. Se llama así por la cola del macho, que dirige hacia arriba como hacen los escorpiones, aunque es inofensiva y no tiene aguijón.

LEPISMA

Hay alrededor de 600 especies de lepisma, y como grupo se encuentra en todo el mundo. El pez de plata arriba crece cerca de 0.4 pulg (1 cm). Estos insectos no tienen alas y buscan comida en las casas.

A los trips les encanta comer flores

Trips

Saltamontes

LIBÉLULAS

Se llaman así debido a sus mandíbulas feroces, aunque en realidad usan las patas para atrapar a su presa. Este insecto es antiguo y existía mucho antes que los dinosaurios. Los ojos grandes de las libélulas les dan una gran visión.

SALTAMONTES Y GRILLOS

Este grupo con 17,000 especies también incluye a la dañina langosta del desierto. Los grillos tienen antenas largas o sensores; en América del Norte, a muchas especies les llaman *katydids*.

TRIPS

Estos insectos sólo miden 0.1 pulg (0.25 cm). Hay cerca de 3,000 especies. Viven en los cultivos y pueden provocar un severo daño a las cosechas. Vuelan en enjambres en climas calurosos y con frecuencia se les llama "bichos trueno".

Libélula

Las crisopas se alimentan de otros insectos

CRISOPAS

Estos insectos son llamados así por sus alas delicadas y venosas e incluyen más de 6,000 especies. Las larvas de la crisopa se esconden de sus depredadores bajo la piel vacía de sus presas.

Si las efímeras adultas no comen, mueren

Efímera

EFÍMERAS

Estos insectos bellos y delicados tienen una vida adulta corta. Pueden tardar tres años en madurar como una ninfa y perecer después de unas cuantas horas de convertirse en adultos.

Crisopa

Descubre más

Visita el museo de historia natural más cercano para tener una perspectiva más amplia del mundo de los insectos rastreros y aterradores sin tener que acercarte mucho. ¡Ahí puedes examinar especímenes de insectos preservados tras un cristal! Una de las expediciones más divertidas puede empezar en casa. Los insectos nos rodean: desde las criaturas microscópicas en la alfombra y el sofá hasta las moscas que zumban alrededor de la mesa de la cocina. Una aventura en el parque puede gratificarte con lo que puedes desenterrar.

MUSEO DE HISTORIA NATURAL
Uno de los mejores lugares para aprender más acerca del mundo de los insectos es el museo de historia natural, como el Museo Americano de Historia Natural (ar.). Aquí hay exhibiciones de insectos antiguos y modernos, cuidadosamente recolectados y preservados con el paso de los años por entomólogos o científicos de insectos.

SITIOS ÚTILES EN LA WEB

- Bug Bios: base de datos ilustrados de insectos asombrosos:
  www.insects.org
- Reportajes de National Geographic sobre insectos:
  www.news.nationalgeographic.com/news/animals.html
- Sitio dedicado al mundo de insectos, incluso con experimentos, información e imágenes:
  www.insectworld.com
- Fotografías y descripciones de insectos:
  www.enature.com/guides/select_Insects_and_Spiders.asp

Una exhibición de historia natural

EXPOSICIONES DE HISTORIA NATURAL
Cuando visitas un museo de historia natural por lo regular encuentras una sección dedicada a la entomología o estudio de los insectos. ¡Ahí puedes ver especímenes preservados de muchas especies exóticas alrededor del mundo sin tener que salir de tu país! Busca otras exposiciones fuera de la sección de entomología que pueden estar organizadas por periodos históricos o ambientales, ya que también pueden tener información interesante de insectos.

EL CAMPO
Con cerca de un millón de especies conocidas para la ciencia, el campo rebosa de insectos. Si das vuelta a un pedazo de madera, encontrarás colonias ocupadas en cavar la tierra. Si observas los racimos de flores durante el verano, verás insectos libando néctar.

Piedras, madera y hojas muertas esconden colonias de insectos

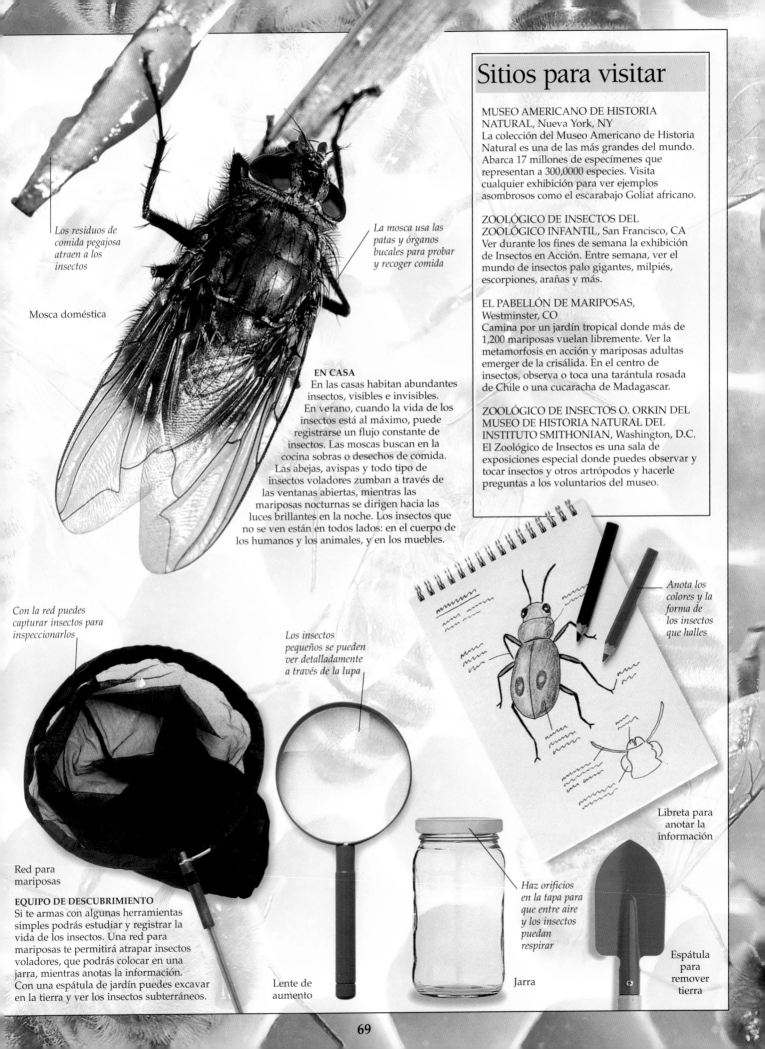

Los residuos de comida pegajosa atraen a los insectos

La mosca usa las patas y órganos bucales para probar y recoger comida

Mosca doméstica

Sitios para visitar

MUSEO AMERICANO DE HISTORIA NATURAL, Nueva York, NY
La colección del Museo Americano de Historia Natural es una de las más grandes del mundo. Abarca 17 millones de especímenes que representan a 300,0000 especies. Visita cualquier exhibición para ver ejemplos asombrosos como el escarabajo Goliat africano.

ZOOLÓGICO DE INSECTOS DEL ZOOLÓGICO INFANTIL, San Francisco, CA
Ver durante los fines de semana la exhibición de Insectos en Acción. Entre semana, ver el mundo de insectos palo gigantes, milpiés, escorpiones, arañas y más.

EL PABELLÓN DE MARIPOSAS, Westminster, CO
Camina por un jardín tropical donde más de 1,200 mariposas vuelan libremente. Ver la metamorfosis en acción y mariposas adultas emerger de la crisálida. En el centro de insectos, observa o toca una tarántula rosada de Chile o una cucaracha de Madagascar.

ZOOLÓGICO DE INSECTOS O. ORKIN DEL MUSEO DE HISTORIA NATURAL DEL INSTITUTO SMITHONIAN, Washington, D.C.
El Zoológico de Insectos es una sala de exposiciones especial donde puedes observar y tocar insectos y otros artrópodos y hacerle preguntas a los voluntarios del museo.

EN CASA
En las casas habitan abundantes insectos, visibles e invisibles. En verano, cuando la vida de los insectos está al máximo, puede registrarse un flujo constante de insectos. Las moscas buscan en la cocina sobras o desechos de comida. Las abejas, avispas y todo tipo de insectos voladores zumban a través de las ventanas abiertas, mientras las mariposas nocturnas se dirigen hacia las luces brillantes en la noche. Los insectos que no se ven están en todos lados: en el cuerpo de los humanos y los animales, y en los muebles.

Con la red puedes capturar insectos para inspeccionarlos

Los insectos pequeños se pueden ver detalladamente a través de la lupa

Anota los colores y la forma de los insectos que halles

Libreta para anotar la información

Red para mariposas

EQUIPO DE DESCUBRIMIENTO
Si te armas con algunas herramientas simples podrás estudiar y registrar la vida de los insectos. Una red para mariposas te permitirá atrapar insectos voladores, que podrás colocar en una jarra, mientras anotas la información. Con una espátula de jardín puedes excavar en la tierra y ver los insectos subterráneos.

Lente de aumento

Haz orificios en la tapa para que entre aire y los insectos puedan respirar

Jarra

Espátula para remover tierra

Glosario

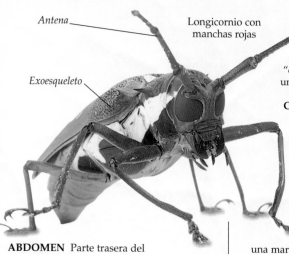

Antena

Longicornio con manchas rojas

Exoesqueleto

ABDOMEN Parte trasera del cuerpo de un insecto.

ACUÁTICO Que vive o crece en el agua.

ANTENAS Órganos sensores a cada lado de la cabeza, también llamados palpos o cuernos, y con muchas funciones posibles: navegación, gusto, vista y oído.

APÉNDICE Cualquier miembro u otro órgano, como las antenas, articulado al cuerpo de un insecto por medio de una articulación.

ARTRÓPODO Invertebrado con cubierta articulada, como un insecto o una araña, los cuales suelen confundirse. Las características de un insecto son: cuerpo segementado en tres, antenas y tres pares de patas.

CAMUFLAJE Cuando un insecto adopta el color o textura del entorno para encubrirse de los depredadores o de su presa.

CAPA MULTICOLOR Superficie con manchas de colores variados y diferentes.

CAPULLO Cubierta compuesta, en parte o por completo, de seda y envuelta por varias larvas como protección para la pupa.

CARROÑERO Insecto que busca comida entre los desechos humanos o que se alimenta de plantas o animales muertos.

CELDILLA DE LA REINA Celdilla especial en donde la abeja de miel se desarrolla desde el huevo hasta la etapa adulta.

Oruga de una mariposa cola de golondrina

CEPILLO RECOLECTOR DE POLEN Aparato recolector de una abeja, ya sea una "canastilla" de polen en las patas o un cepillo de pelos en el abdomen.

CERDAS El par de apéndices que salen de la punta del abdomen de muchos insectos.

COLONIA Población, a menudo creada por una sola reina.

COXA Segmento base por donde las patas se articulan con el resto del cuerpo.

CRISÁLIDA Pupa de una mariposa o de una mariposa nocturna.

DEPREDADOR Insecto que caza o captura otro animal para comérselo.

DIMORFISMO Diferencia en tamaño, forma o color entre individuos de la misma especie, que indica dos tipos.

ENVOLTURA Cubierta protectora hecha por algunas avispas para sus panales. En las avispas comunes, es construida de fibras de madera masticada mezcladas con saliva.

EXOESQUELETO Cubierta exterior dura que rodea el cuerpo del insecto. Está hecha de láminas y tubos curveados para entrar juntos en las articulaciones.

GRUBS Palabra en inglés para larva de cuerpo grueso con patas toráxicas y una cabeza bien desarrollada.

GUSANO Larva sin patas ni cabeza bien desarrollados.

El ciempiés es un artrópodo, no un insecto

INSECTOS BENÉFICOS Insecto cuyo estilo de vida es benéfico para los humanos, como polinizadores, recicladores y preservadores del equilibrio de la naturaleza que se alimentan de otros insectos.

INVERTEBRADO Animal sin columna vertebral.

LARVA Insecto inmaduro que se ve diferente a sus padres, y suele comer alimentos distintos. La larva sufre una metamorfosis completa cuando madura.

LATERAL Se refiere a los lados del cuerpo, como los ojos al lado de la cabeza.

MANDÍBULAS Primer par de mandíbulas de los insectos. En los insectos masticadores parecen dientes, son puntiagudos en los insectos succionadores y forman la mandíbula superior de los insectos que pican.

MAXILAR Segundo par de mandíbulas que tienen algunos insectos.

MESOTÓRAX Segunda parte o mitad del tórax que sostiene las patas de en medio y las alas anteriores.

METAMORFOSIS Serie de cambios que sufre un insecto durante su vida. Los insectos que experimentan una metamorfosis incompleta, cambian poco a poco conforme crecen. Los de metamorfosis completa cambian repentinamente, cuando descansan en la etapa llamada pupa. En ambos casos, el crecimiento por lo normal se detiene una vez que se ha llegado a la edad adulta.

METATÓRAX El tercer segmento del tórax o región del pecho que sostiene las patas posteriores y el segundo par de alas. A veces aparece como parte del abdomen.

MOSCAS VERDADERAS Aquellas moscas que sólo tienen un par de alas. El resto del segundo par de alas funciona como estabilizador o detector de la velocidad del aire durante el vuelo.

MUDAR En los insectos es el proceso de eliminar el exoesqueleto.

NÉCTAR Líquido azucarado secretado por flores que comen algunos insectos.

NINFA Nombre dado a las primeras etapas de los insectos que pasan por una metamorfosis incompleta. Por lo regular la ninfa es similar al adulto, excepto que sus alas no están desarrolladas del todo. Normalmente se alimenta de lo mismo que un adulto.

OBRERA Miembro de una colonia de insectos que es estéril (no puede criar) cuyas labores incluyen buscar alimento.

Metamorfosis de
la mariposa

OCELOS Ojos simples laterales de una
larva, los cuales detectan tonos claros y
oscuros, pero no forman imágenes.

OJO COMPUESTO Ojo hecho de muchos
compartimientos separados.

OOTECA Estuche de huevos formado por
secreciones de las glándulas genitales, como
la estructura de la bolsa de las cucarachas o
la masa esponjosa en donde las mantis
ponen sus huevos.

ORUGA Larva de una mariposa nocturna,
mariposa o de la mosca sierra.

OVISCAPTO Aparato tubular para poner
huevos de un insecto hembra. En muchos
insectos está cubierto.

PALPO Estructura segmentada parecida a
una pata. Los palpos tienen una función
sensora e influyen en el sabor de la comida.

PARÁSITO Organismo que pasa parte o
toda su vida comiendo de otra especie sin
dar nada a cambio. Los ectoparásitos viven
fuera de los huéspedes, mientras que los
endoparásitos viven dentro del cuerpo del
huésped. El piojo es un ectoparásito.

PARTENOGÉNESIS Desarrollo del huevo
sin fertilización.

PATA ABDOMINAL Pata abdominal de la
larva distinta a una pata toráxica o "
verdadera". El término puede referirse a las
patas carnosas y colgantes de la parte
posterior de una oruga.

PICO Hocico o característica en forma
puntiaguda, aplicado especialmente a los
órganos bucales para perforar.

POLEN Polvo o granos fertilizadores
producidos por una flor, a menudo llevados
de planta en planta por insectos atraídos hacia
las flores por sus brillantes colores y néctar.

POSTERIOR Relacionado con la parte
trasera, como las patas o alas posteriores.

PROBÓSCIDE Estructura bucal extendida;
se refiere a la boca de las moscas, el pico de
los bichos, la lengua de las mariposas y las

mariposas nocturnas, y a veces a la boca
de los escarabajos de lengua larga.

PROTÓRAX La primera de las tres
partes en que se divide el tórax.

PUPA Etapa de la metamorfosis
completa, entre larva y adulto.

QUITINA Material que refuerza el
exoesqueleto de un insecto.

RAPTOR Depredador o relacionado
con la depredación. Puede referirse a
las partes que sujetan a la presa, como las
patas anteriores de las mantis.

SEGMENTO Divisiones del cuerpo, o una
de las secciones de una pata articulada.

SERRADO Superficie dentada, muy
parecida a una sierra.

SOCIAL Insectos como las hormigas
o abejas que viven en comunidades
organizadas de individuos.

SOLDADOS En las termitas y hormigas, los
soldados son los machos o hembras estériles
con cabezas y mandíbulas grandes. Protegen
a la colonia de intrusos y depredadores.

TARSO Pie o apéndice articulado al final
de la pata.

TIBIA Cuarta articulación de la pata.

TÍMPANO Membrana vibratoria en varias
partes del cuerpo de un insecto que sirve
como oído.

TRÁQUEAS Tubos en el cuerpo de un
insecto que transportan el oxígeno.

TÓRAX Segunda parte del cuerpo de un
insecto. El tórax sostiene las patas "verdaderas" y alas, y tiene tres regiones separadas: el
protórax, el mesotórax y el metatórax.

ULTRAVIOLETA Más allá del violeta del
espectro de la luz, el ultravioleta es invisible
para la mayoría de los mamíferos, pero es
visible para la mayoría de los insectos.

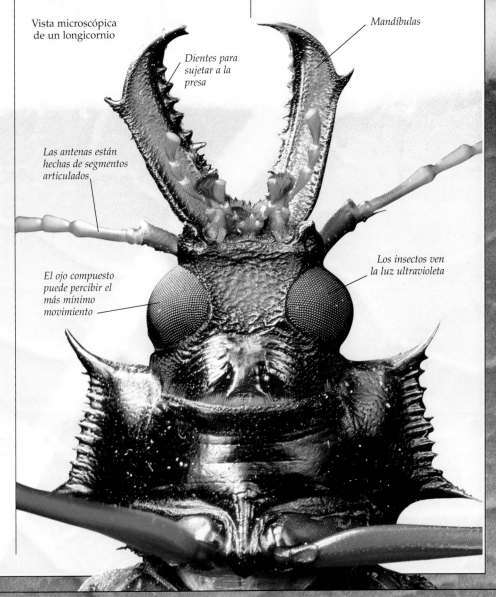

Vista microscópica
de un longicornio

Mandíbulas

*Dientes para
sujetar a la
presa*

*Las antenas están
hechas de segmentos
articulados*

*El ojo compuesto
puede percibir el
más mínimo
movimiento*

*Los insectos ven
la luz ultravioleta*

Índice

Reconocimientos

El autor expresa su agradecimiento a sus colegas del Museo de Historia Natural que colaboraron en este proyecto, en particular a Sharon Shute, Judith Marshall, Bill Dolling, George Else, David Carter, Nigel Fergusson, John Chainey, Steve Brooks, Nigel Wyatt, Philip Ackery, Peter Broomfield, Bill Sands, Barry Bolton, Mick Day y Dick Vane-Wright.
Dorling Kindersley agradece a: Julie Harvey del Museo de Historia Natural, Zoológico de Londres, Dave King por la fotografía especial en págs. 56–57, y David Burnie por su asesoría.
Créditos fotográficos
ar. = arriba; ab. = abajo; c. = centro; i. = izquierda; d. = derecha
Aldus Archive: 61ab.i.
Angel, Heather/Biophotos: 7ab.d.; 10c.; 11ar.d.
Biophoto Associates: 36c.i.; 41ab.d.
Boorman, J.: 42c.

Borrell, B./Frank Lane: 18ar.i.
Borrell, B./Frank Lane: 56ar.d., 67c.d.
Bunn, D.S.: 50ar.i.
Burton, Jane/Bruce Coleman: 31ab.; 34c.d.; 36ar.i.; 39ab.d.
Cane, W./Natural Science Photos: 32c.; 61ab.c.
Clarke, Dave: 23ar.c.; 47ab.
Clyne, Densey/Oxford Scientific Films: 57ar.i.; 57ar.c.; 57ar.d.
Cooke, J.A.L./Oxford Scientific Films: 12ar.i.
Couch, Carolyn/Museo de Historia Natural: 15ab.d.
Craven, Philip/Robert Harding Picture Library: 7ar.
Dalton, Stephen/NHPA: 37c.i.
David, Jules/Fine Art Photos: 38ar.d.
Fogden, Michael/Oxford Scientific Films: 10c.i.
Foto Natura Stock/FLPA: 66c.d.
Goodman, Jeff/NHPA: 9c.i.

Hellio & Van Ingen/NHPA: 64ab.i.
Holford, Michael: 15c.d.
Hoskings, E. & D.: 39ar.c.
James, E.A./NHPA: 46ab.d.
King, Ken/Planet Earth: 57c.
Kobal Collection: 40ar.i.
Krist, Bob/Corbis: 68c.d.
Krasemann, S./NHPA: 47ar.d.
Lofthouse, Barbara: 25ar.d.
Mackenzie, M.A./Robert Harding Picture Library: 37ab.d.
Mary Evans Picture Library: 61ar.c., 64ar.d.
Minden Pictures/FLPA: 71ab.
National Film Archive: 32ar.i.
Museo de Historia Natural: 12ar.d.; 14ab.i., 65ar.d., 66c.
Oliver, Stephen: 69ab.c.
Overcash, David/Bruce Coleman: 15ab.i.
Oxford Scientific Films: 20ar.i.
Packwood, Richard/Oxford Scientific Films: 56ar.d.
Pitkin, Brian/Museo de Historia Natural: 42c.
Polking, Fritz/FLPA: 64ar.i.
Popperphoto: 61ar.i.

Robert Harding Picture Library: 30ar.i.
Rutherford, Gary/Bruce Coleman: 7ab.c.
Sands, Bill: 55c.
Shaw, John/Bruce Coleman Ltd: 67ab.d.
Shay, A./Oxford Scientific Films: 20ab.c.
Springate, N.D./Museo de Historia Natural: 63ab.c.
Taylor, Kim/Bruce Coleman: 21ar.i.; 31ab.
Taylor, Kim: 33c.
Thomas, M.J./FLPA: 68ab.
Vane-Wright, Dick/Museo de Historia Natural: 16ab.d.
Ward, P.H. & S.L./Natural Science Photos: 44c.d.
Williams, C./Natural Science Photos: 36c.i.
Young, Jerry: 66ab.i.
Ilustraciones: John Woodcock: 10, 41, 55; Nick Hall: 13, 15
Investigación iconográfica: Kathy Lockley
Ilustraciones de portada:
Portada: D Hurst/Alamy c.i.
Contraportada: OSF, ab; Museo de Historia Natural, Londres, ar.c.d.